JÜRGEN BUNGE

Das englische Zivilprozeßrecht

Schriften zum Prozessrecht

Band 37

Das englische Zivilprozeßrecht

Eine systematische Darstellung mit einer Auswahlbibliographie

Von

Dr. Jürgen Bunge

DUNCKER & HUMBLOT / BERLIN

Gedruckt mit Unterstützung der
Deutsch-Britischen Juristenvereinigung

Alle Rechte vorbehalten
© 1974 Duncker & Humblot, Berlin 41
Gedruckt 1974 bei Buchdruckerei Bruno Luck, Berlin 65
Printed in Germany
ISBN 3 428 03258 6

Vorwort

Das Buch schließt an die Dissertation des Verfassers über das untere Richterpersonal und die Richtergehilfen am High Court an und gibt eine Gesamtdarstellung des englischen Zivilprozeßrechts. Das vorliegende Material einschließlich der Bibliographie soll der deutschen Wissenschaft und Praxis eine Übersicht über das System der Zivilrechtspflege in England und zugleich die Bearbeitung der oft schwierigen Einzelfragen des Prozeßrechts ermöglichen. Lücken und Ungenauigkeiten waren beim Stand der englischen Prozeßrechtsliteratur unvermeidbar: auch das Supreme Court Practice als offizielles Handbuch verzichtet nicht auf eine salvatorische Fehlerklausel im Vorwort. Der Verfasser war sich der Bedeutung des Unternehmens und der Beschränktheit seiner Ressourcen und Kompetenzen während der mehrjährigen Sammlungs- und Systematisierungsarbeit bewußt; jedem Abschluß mußte daher eine gewisse Willkürlichkeit anhaften. Sie hinzunehmen war nur möglich, weil die Fülle der Materialien eine Vertiefung zuläßt, vielleicht auch anregt.

Berlin, September 1974 *Jürgen Bunge*

Inhaltsverzeichnis

Einleitung

§ 1. Vorbemerkungen zur Aufgabenstellung und Methode der Arbeit .. 13
§ 2. Begriffe und Quellen des englischen Gerichtsverfassungs- und Zivilprozeßrechts 16

Erster Teil
Die Zivilgerichtsverfassung

Abschnitt I
Die Zivilgerichte

§ 3. System der englischen Gerichte 22

Kapitel I: Die unteren Zivilgerichte (Inferior Civil Courts)

§ 4. Die County Courts 23
§ 5. Die Zivilgerichtsbarkeit der Magistrates' Courts 25

Kapitel II: Die oberen Zivilgerichte (Superior Civil Courts)

§ 6. Der High Court of Justice (Queen's Bench Division, Chancery Division, Family Division) 27
§ 7. Der Court of Appeal (Civil Division) 29
§ 8. Das House of Lords 29
§ 9. Das Judicial Committee des Privy Council 30

Kapitel III: Die Geschäftsstellen der Zivilgerichte

§ 10. Das Central Office des Supreme Court und die District Registries 30
§ 11. Die Geschäftsstellen der anderen Zivilgerichte 33

Abschnitt II
Die Zivilrichter

§ 12. System der Richter an englischen Zivilgerichten 34

Kapitel I: Die Judges

§ 13. Die Klassen der Judges 35

8   Inhaltsverzeichnis

§ 14. Die einzelnen Ämter der Judges 36
§ 15. Die Circuit Judges (mit Official Referees) 39
§ 16. Die Deputy Judges und die Recorders 41

Kapitel II: Das untere Richterpersonal

§ 17. Das untere Richterpersonal der Queen's Bench Division: Die Masters (mit District Registrars) 42
§ 18. Das untere Richterpersonal der Chancery Division: Die Masters .. 48
§ 19. Das untere Richterpersonal der Family Division: Die Registrars und District Probate Registrars 50
§ 20. Der Admiralty Registrar der Queen's Bench Division als Unterrichter in Seesachen 52
§ 21. Die Registrars in Bankruptcy als Konkursrichter des High Court .. 54
§ 22. Die County Court Registrars 56
§ 23. Die Special Referees als Richterkommissare 57

Kapitel III

§ 24. Die Ziviljury 58

Abschnitt III

Die Justizbeamten und Richtergehilfen in Zivilsachen

§ 25. Begriff der Justizbeamten und der Richtergehilfen 61
§ 26. Die Justizbeamten des Supreme Court und der Circuits 61
§ 27. Die Associates 62
§ 28. Die Chancery Registrars 63
§ 29. Die Assessors 63
§ 30. Die Examiners of the Court und die Conveyancing Counsel der Chancery Division 65
§ 31. Der Official Solicitor des Supreme Court 67

Abschnitt IV

Die Anwaltsstände

§ 32. Die Barristers 69
§ 33. Die Solicitors 69

Abschnitt V

Parteien und Parteivertreter

§ 34. Parteibegriff, Parteifähigkeit und Parteiwechsel 71
§ 35. Prozeßfähigkeit, Postulationsfähigkeit und Vertretung 72

Zweiter Teil

Der Zivilprozeß

Abschnitt I

Der Gang des Verfahrens am High Court (Supreme Court)

Kapitel I: Allgemein

§ 36.	Allgemeine Verfahrensregeln und -grundsätze	74
§ 37.	Stadien und Funktionen im Zivilprozeß	76
§ 38.	Die Arten der Klagen	77
§ 39.	Geschäftsverteilung, Verweisung, Richterablehnung	78

Kapitel II: Das Vorverfahren (Pre-Trial Proceedings) bis zur Hauptverhandlung

§ 40.	Klageerhebung durch Writ of Summons und Zustellungen	80
§ 41.	Die Einlassung	83
§ 42.	Der formelle Schriftsatzwechsel (Pleadings) und die formelle Parteibefragung (Interrogatories)	84
§ 43.	Die mündliche Vorverhandlung (Hearing of the Summons for Directions)	87
§ 44.	Prozessuale Einreden und Rechtsbehelfe im Vorverfahren	88
§ 45.	Der Originating-Summons-Prozeß	90
§ 46.	Das Zwischenstadium	91

Kapitel III: Hauptverhandlung und Urteil

§ 47.	Ablauf der Hauptverhandlung	91
§ 48.	Das Urteil und seine Wirkungen	92

Kapitel IV: Das summarische und das Versäumnisverfahren

§ 49.	Das summarische Verfahren	95
§ 50.	Das Versäumnisverfahren	96

Kapitel V: Stadien der Beweisaufnahme

§ 51.	Allgemeine Grundsätze des Beweisrechts	100
§ 52.	Die vorbereitende Beweisaufnahme im Vorverfahren (Affidavits, Discovery)	101
§ 53.	Beweisaufnahme in der Hauptverhandlung	102

Kapitel VI

§ 54.	Klage in einer District Registry	103

Abschnitt II
Der Gang des Verfahrens an den übrigen Zivilgerichten

§ 55.	Die Selbständigkeit der Verfahrensordnungen	105
§ 56.	Das Verfahren am County Court	105
§ 57.	Die Verfahren am Magistrates' Court in Zivilsachen	107

Abschnitt III
Die Rechtsmittel des englischen Zivilprozesses

§ 58.	Grundzüge des Rechtsmittelsystems	109
§ 59.	Rechtsmittel gegen Entscheidungen am County Court und Magistrates' Court	110
§ 60.	Rechtsmittel gegen Entscheidungen am High Court	111
§ 61.	Rechtsmittel vom Court of Appeal zum House of Lords	113

Abschnitt IV
Besondere Verfahren

§ 62.	Das Verfahren in Ehesachen (Matrimonial Proceedings)	114
§ 63.	Sonstige Familiensachen (Domestic Proceedings)	116
§ 64.	Das Probate-Verfahren	119
§ 65.	Der Seeprozeß	121
§ 66.	Das Konkursverfahren	122
§ 67.	Die Liquidation von Handelsgesellschaften	124

Abschnitt V
Kostenwesen, Armenrecht und Schiedsverfahren

§ 68.	Kostenwesen und Hinterlegung (Payment into Court)	127
§ 69.	Das Taxing Office des Supreme Court und die Kostenfestsetzungsbeamten an den übrigen Zivilgerichten	128
§ 70.	Das Armenrecht (Legal Aid and Advice)	130
§ 71.	Schiedsgerichts- und Schiedsurteilsverfahren	131

Auswahlbibliographie des englischen Zivilprozeßrechts 134

Gesetzesverzeichnis 157

Sachregister 161

Abkürzungsverzeichnis

(mit Entscheidungssammlungen)

Ein Verzeichnis der wichtigsten Entscheidungssammlungen und der dafür gebräuchlichen Abkürzungen bringt *Halsbury*, Laws, 3rd ed., Vol. 1 p. (31) et seq. Im übrigen richtet sich die Zitierweise nach dem *Manual of Legal Citations*.

A.B.A.J.	American Bar Association Journal
A.C.	Law Reports, Appeal Cases, House of Lords and Privy Council, 1890 -
AcP	Archiv für civilistische Praxis
All E.R.	All England Law Reports, 1936 -
AnwBl.	Anwaltsblatt. Nachrichten für die Mitglieder des Deutschen Anwaltsvereins e.V.
App.Cas.	Law Reports, Appeal Cases, House of Lords, 15 vols., 1875 - 1890
Asp.M.L.C.	Aspinall's Maritime Law Cases, 1870 -
AWD	Außenwirtschaftsdienst des Betriebs-Beraters
BB	Der Betriebs-Berater
Burr.	Burrow's Reports, King's Bench, 5 vols., 1756 - 1772
c.	chapter
C., Cd., Cmd., Cmnd.	Command Papers
C.A.	Court of Appeal
C.B.	Common Bench Reports, 18 vols., 1845 - 1856
C.C.R.	County Court Rules
C.&P.	Carrington and Payne's Reports, Nisi Prius, 9 vols., 1823 - 1841
C.L.J.	Cambridge Law Journal
C.L.P.	Current Legal Problems
Ch.	Law Reports, Chancery Division, 1890 -
Ch.D.	Law Reports, Chancery Division, 45 vols., 1875 - 1890
Co.Rep.	Coke's Reports, 13 parts, 1572 - 1616
Crim.L.R.	Criminal Law Review
D.C.	Divisional Court
De G.M.&G.	De Gex, Macnaghten, and Gordon's Reports, Chancery, 8 vols., 1851 - 1857
DJ	Deutsche Justiz. Amtliches Blatt der deutschen Rechtspflege
DJZ	Deutsche Juristen-Zeitung
DÖV	Die Öffentliche Verwaltung
DRiZ	Deutsche Richterzeitung
DRpf.	Deutsche Rechtspflege
DRZ	Deutsche Rechts-Zeitschrift, 1946 - 1951
E.a.E. Digest	English and Empire Digest (Repl.: Replacement Edition, 56 vols.)
Exch.	Exchequer Reports (Welsbury, Hurlstone, and Gordon), 11 vols., 1847 - 1856

FamRZ	Ehe und Familie in privatem und öffentlichem Recht, seit 1962 Zeitschrift für das gesamte Familienrecht
H.L.	House of Lords
H.L.Cas.	House of Lords Cases
H.M.S.O.	Her Majesty's Stationery Office
I.C.L.Q.	The International and Comparative Law Quarterly
ibid.	ibidem (aaO)
JBl	(Österreichische) Juristische Blätter
JJhb.	Juristen-Jahrbuch
Jhb Ö.R. (NF)	Jahrbuch des öffentlichen Rechts der Gegenwart (Neue Folge)
JZ	Juristenzeitung
K.B.	Law Reports, King's Bench Division, 53 vols., 1900 - 1952
KTS	Konkurs-, Treuhand- und Schiedsgerichtswesen
L.J. (K.B., Q.B., P.C.)	Law Journal, King's Bench, Queen's Bench, Privy Council
Lords Journals	Journals of the House of Lords
L.Q.R.	Law Quarterly Review
L.R.H.L.	Law Reports, English and Irish Appeals, and Peerage Claims, House of Lords, 7 vols., 1866 - 1875
L.S.G.	Law Society Gazette
L.T.	Law Times Reports, 1859 - 1947
Ll.L.Rep.	Lloyd's List Law Reports, 1919 -
M.&W.	Meeson and Welsby Reports
Mans.	Manson's Bankruptcy and Company Cases, 21 vols., 1893 - 1914
MDR	Monatszeitschrift für Deutsches Recht
M.L.R.	Modern Law Review
NJW	Neue Juristische Wochenschrift
N.L.J.	New Law Journal
Ord.	Order
P.	Law Reports, Probate, Divorce, and Admiralty Division, 1890 -
P.C.	Privy Council
P.D.	Law Reports, Probate, Divorce, and Admiralty Division, 15 vols., 1875 - 1890
Q.B.	Law Reports, Queen's Bench Division, 1891 - 1901, und seit 1952 -
Q.B.D.	Law Reports, Queen's Bench Division, 25 vols, 1875 - 1890
RpflBl	Rechtspflegerblatt
R.S.C.	Rules of the Supreme Court
sch.	schedule (Verzeichnis im Anhang)
S.I.	Statutory Instrument
S.J.	Solicitor's Journal
SJZ	Süddeutsche Juristen-Zeitung
S.R.&O.	Statutory Rule and Order
T.L.R.	The Times Law Reports, 1884 - 1952
W.L.R.	Weekly Law Reports, 1953 -
W.N.	Law Reports, Weekly Notes, 1866 - 1952
ZRP	Zeitschrift für Rechtspolitik
ZStrW	Zeitschrift für die gesamte Strafrechtswissenschaft
ZVerglW	Zeitschrift für Vergleichende Rechtswissenschaft
ZZP	Zeitschrift für Zivilprozeß

Einleitung

§ 1. Vorbemerkungen zur Aufgabenstellung und Methode der Arbeit

Eine systematische Darstellung des englischen Zivilprozeßrechts stellt ein Unternehmen dar, das vielfältigen Bedenken ausgesetzt ist:

Zunächst erhebt sich die Frage nach der Relevanz einer solchen Untersuchung, erbracht von einem deutschen Juristen: Was für ein Interesse kann die deutsche Rechtswissenschaft und -praxis haben, über an Deskription orientierte Einführungen hinaus die englische Gerichtsverfassung und den englischen Prozeß in ein „System" zu bringen, eine Darstellungsform, die dieses Rechtsgebiet in England bisher nur teilweise erfährt? Es bieten sich zwei Richtungen der Begründung an: Rechtsvergleichung zum Zwecke der Rechtsvereinheitlichung und Fragen der deutschen Justizreform.

Mit dem Beitritt Großbritanniens zur Europäischen Gemeinschaft wächst die Verflechtung Englands und der Bundesrepublik Deutschland wie auch ihrer privaten Wirtschaftsträger, und die Rechtspflege beider Länder ist zunehmend mit Angelegenheiten der jeweils anderen Rechtsordnung befaßt. Insbesondere aus ökonomischen Gründen werden beide Justizsysteme in den vielfältigen Fragen der wechselseitigen Anerkennung von Gerichtsentscheidungen zu intensivierten Formen der Kooperation kommen müssen. Darüber hinaus wird in beiden Ländern nicht nur diese Aufgabe der Zusammenarbeit gesehen, sondern aus verschiedenen Gründen Rechtsvereinheitlichung gefordert. Ohne daß an dieser Stelle auf die komplexe Problematik der Prozeßvereinheitlichung in Europa eingegangen werden kann, sollen hier einige für eine Annäherung der beiden Ziviljustizsysteme bedeutsame Vorüberlegungen dargelegt werden:

Die Institutionen der englischen und deutschen Zivilrechtspflege haben, was nicht weiter ausgeführt zu werden braucht, im wesentlichen die identische Aufgabe der Rechtsprechung, d. h. der gerichtlichen Entscheidung bürgerlich-rechtlicher Rechtsstreitigkeiten. Unabhängig von historischen Traditionen (charakteristisch für die englische Rechtspflege) und rechtswissenschaftlicher Durchdringung (kennzeichnend für den deutschen Zivilprozeß) muß daher durch alle konkreten Mannigfaltigkeiten der Justizinstitutionen und -prozeduren hindurch diese funktionale Identität begrifflich erfaßt und es müssen einzelne Institutionen des Prozesses als funktionale Äquivalente deskriptiv parallelisiert werden können.

Diese Einsicht in funktionale Identität einzelner historisch entstandener internationaler Institutionen erzeugt nicht eo ipso die (justizpolitische) Forderung nach Vereinheitlichung der Formvarianten, vielmehr speisen sich die Reformantriebe aus anderen Quellen:

Komparatistische Funktionsanalysen können dysfunktional Gewordenes sichtbar machen, und die Forderung, mangelnde Aufgabenerfüllung in der Rechtspflege im nationalen und internationalen Bereich zu beheben, leitet sich aus der allgemeinen Aufgabe der Justiz unmittelbar ab und bedarf keiner besonderen Begründung. Die Forderung nach Behebung reiner Formvariabilität (Rechtsvereinheitlichung) an sich funktionsfähiger Institutionen aber stammt insbesondere aus ökonomischen Überlegungen, denn Vereinheitlichungen von Formvarianten können wegen der Typisierungswirkung kostensparend wirken. Bei starker, justizpolitisch nicht zu ignorierender Nachfrage nach Zivilrechtsprechung durch überwiegend ökonomisch orientierte Abnehmer kann somit ein Reformdruck in Richtung einer Egalisierung von an sich nicht dysfunktionalen Formvarianten entstehen. Das Bemühen um Angleichung der Zivilprozesse am High Court und am County Court in den letzten Jahren ist wohl auf eine solche Situation zurückzuführen.

Neben dieser nationalen Rechtsvereinheitlichung ist mit wachsender Integration Europas und insbesondere seiner wirtschaftlichen Verflechtung auch international mit solchen Reformen zu rechnen, und ihre Notwendigkeit und Wahrscheinlichkeit allein wären Anlaß genug für den vorliegenden Versuch, der deutschen juristischen Öffentlichkeit einen systematischen Zugang zur englischen Zivilrechtspflege neu zu fundieren.

Unabhängig von dieser in neuerer Zeit entstandenen Situation ist die Rezeption von Institutionen der englischen Gerichtsverfassung — teilweise durch das französische Recht hindurch — in die deutsche Rechtspflege ein historischer Vorgang.

Montesquieu's durch die englische Gerichtsverfassung des 18. Jahrhunderts beeinflußte Lehren[1] lenkten das deutsche Interesse nicht nur auf Fragen der Unabhängigkeit des Richters, wie sie sich in der Gewaltenteilungspraxis des 19. Jahrhunderts niederschlagen; auch die

---

[1] Vgl. *Montesquieu:* De L'Esprit des Lois, Tome I, Livre XI, chap. VI: „De la constitution d'Angleterre." ed. G. Truc. Paris: 1950. Auf dieses Kapitel bezieht sich z. B. Anselm *Feuerbach:* Betrachtungen über das Geschworenen-Gericht. Landshut: 1813, S. 9; vgl. auch *ders.:* Betrachtungen über die Öffentlichkeit und Mündlichkeit der Gerechtigkeitspflege. Gießen: 1821, S. 315, 347, 407.

englischen Schwur- und Friedensgerichte mit ihren Verfahrensgrundsätzen wurden modellbildend zunächst für das nachrevolutionäre Frankreich, dann für weite Teile Deutschlands. Im 20. Jahrhundert ist insbesondere die Institution des Rechtspflegers zu erwähnen, die auf die von *Fritz Adickes* initiierten Reformdiskussionen „unter Verwertung englisch-schottischer Rechtsgedanken" zurückgeht und aus der sogenannten „Kleinen Justizreform" resultiert. Auch in neuester Zeit fehlt es nicht an Versuchen, Justizreformen wiederum an englischen Modellen zu orientieren, z. B. hinsichtlich der Einführung von Unterrichtern oder Minderheitsvoten. Dieser traditionelle Einfluß der englischen Gerichtsverfassung auf deutsches Rechtsdenken legitimiert den erneuten Versuch, die Rechtsgrundlagen der heutigen englischen Zivilrechtspflege für die deutsche Rechtswissenschaft im Zusammenhang darzustellen.

Auch wenn die rechtswissenschaftliche und justizpolitische Relevanz der Arbeit gewährleistet erscheint, bleiben zur Realisierbarkeit einer systematischen Darstellung Bedenken, die in der juristischen Literatur ihre eigene Geschichte haben:

„Der Geist des englischen Rechts" (Radbruch) und der Systembegriff standen in einem Spannungsverhältnis, seitdem die deutsche pandektistisch geschulte und germanistisch orientierte Rechtswissenschaft sich dem englischen Rechts„leben" zuwandte. Systemdenken war hier allerdings nicht selten identisch mit schematischem, formalistischem Denken, einer verselbständigten Begriffsjurisprudenz, vor der es die historisch „gewachsenen" Institutionen des englischen Rechts zu bewahren galt.

So blieben in der Tat lange Zeit zwei wissenschaftliche Traditionen auf diesem Feld ohne Vermittlung miteinander: abstrakt-generalisierende Systematisierungsleistungen richteten sich auf das deutsche Recht, während man die englische Rechtspflege im wesentlichen unter historischen Aspekten betrachtete, und die einzelnen Institutionen (der Königliche Richter; der Friedensrichter; das Schwurgericht) in der Regel nur historisierend und deskriptiv nebeneinander gestellt wurden.

Die vorliegende Arbeit hat einen grundsätzlich anderen Ansatz: Sie betrachtet die Ziviljustiz in England und in der Bundesrepublik Deutschland als im wesentlichen funktional identische Aufgabe zweier demokratisch organisierter Industriestaaten. Dies hat nicht unerhebliche methodologische Konsequenzen, u. a. wird entgegen der traditionellen Darstellungsweise weitgehend auf historische Vorbemerkungen, Rückverweise oder Begründungen verzichtet. Das Vorgehen ist durch das Bemühen gekennzeichnet, die Institutionen und Verfahrensweisen der sich zunehmend rationalisierenden englischen Zivilrechtspflege von ihren in der Gegenwart geleisteten Aufgaben her zu verstehen. Ein wesentliches Erkenntnisinteresse geht dabei dahin, die jeweilig im deutschen und englischen Prozeßrecht einander entsprechenden Problemlagen für ein deutsches Verständnis in Beziehung zu setzen. Die Arbeit versteht sich allerdings als auslandsprozeßrechtliche, Rechtsvergleichung im strengen Sinne ist nicht beabsichtigt[2]. Die Verbindung der deutschen mit den darzustellenden englischen Prozeßinstitutionen wird lediglich durch das Medium der Sprache ermöglicht, insoweit aber auch erzwungen:

In deutscher Sprache für deutsche Juristen den englischen Zivilprozeß darzustellen, heißt ihn einem system- und begriffsorientierten Denken zugänglich zu machen, das zu Recht gleiche Problemlagen (Rechtskraft, Rechtsmittel, Versäumnisverfahren usw.) erwartet und ausländische Lösungsmodelle auch auf ihre Rezipierbarkeit prüft. Dem kommt eine Terminologie entgegen, die deutsche termini technici deskriptiv verwendet, begriffliche Randunschärfen daher bewußt in Kauf nimmt. Aus prinzipiellen Gründen und zur Milderung der Gefahr, bei diesem Vorgehen vorschnell zu identifizieren bzw. dazu zu verleiten, geht die Arbeit grundsätzlich von den Quellen des geltenden Rechts aus. Dies hat zur Folge, daß auf eine spezielle Angabe von Parallelstellen in der englischen Sekundärliteratur bzw. in den sehr hilfreichen deutschen Vorarbeiten verzichtet werden mußte. Die einschlägige Literatur in beiden Sprachen wird stattdessen zusammenfassend zu Beginn jedes Kapitels als Spezifizierung der Auswahlbibliographie aufgeführt.

§ 2. Begriffe und Quellen des englischen Gerichtsverfassungs- und Zivilprozeßrechts

I. Im englischen Recht[1] wird zwischen *practice and procedure* (etwa Verfahrensrecht) und *administration of civil justice*[2] (Organisation der Zivilrechtspflege) unterschieden. Diese Begriffe kennzeichnen einen weniger systematischen als deskriptiven Ansatz, der einem Bedürfnis der Praxis entspringt, denn diese braucht kompilierende Handbücher des Verfahrensrechts und einführende Gesamtdarstellungen der Organisation der Rechtspflege.

Synonym mit ‚administration of justice' wird auch der Ausdruck ‚legal system' verwandt[3], und Unterbegriff zu ‚administration of justice' ist ‚system of law courts' für den allgemeinen Aufbau der Gerichte.

---

[2] Vgl. *Bunge*, Jürgen: Das untere Richterpersonal und die Richtergehilfen am englischen High Court of Justice. Ein Beitrag zur deutschen Justizreform. Berlin: 1973, insbes. S. 1 ff. u. 55 ff.

[1] Die vorliegende Arbeit befaßt sich nur mit der Zivilrechtspflege von England und Wales; die bis auf das House of Lords selbständigen Gerichtsverfassungen Schottlands, Nordirlands und der übrigen Britischen Inseln (Man, Jersey und Guernsey) werden nicht berücksichtigt.

[2] Vgl. *Vick*, Administration of Civil Justice, 1968.

§ 2. Begriffe und Quellen

1. Der Begriff Jurisdiktion *(jurisdiction)* wird im englischen Gerichtsverfassungsrecht und im Prozeßrecht in den verschiedensten, nicht immer genau bestimmten Bedeutungen verwandt[4].

Jurisdiktion im allgemeinsten Sinn bedeutet im englischen Recht Rechtsprechende Gewalt, also diejenige obrigkeitliche Gewalt, die zur Entscheidung eines Rechtsstreites berechtigt. Sie steht der Krone zu und wird durch die Justiz ausgeübt.

Jurisdiktion umfaßt hier Gerichtshoheit und Gerichtsherrlichkeit. Im ersten Sinn betrifft dieser Begriff das Problem, wer der englischen Gerichtsbarkeit unterliegt und wie beispielsweise zu verfahren ist, wenn nach Schottland zugestellt werden soll[5]. Der Begriff der Gerichtsherrlichkeit, also der Zuständigkeit zur Errichtung von Gerichten, ist im englischen Gerichtsverfassungsrecht im wesentlichen nur historisch von Bedeutung, denn im geltenden Recht ist Träger der Jurisdiktionsgewalt grundsätzlich die Krone, sie ist Gerichtsherr[6].

Weiterhin wird die Gerichtsbarkeit im engeren Sinne, die Rechtspflegefunktion mit ‚jurisdiction' bezeichnet. Gemeint ist dann die Zuständigkeit des Gerichts bzw. des Richters[7].

Soweit die Zuständigkeit der Gerichte angesprochen ist, werden die folgenden Unterscheidungen gemacht:

a) ‚Civil' und ‚criminal jurisdiction' als Straf- und Zivilrechtspflege.

b) ‚Original' und ‚appellate jurisdiction'. Diese Begriffe betreffen die funktionelle Zuständigkeit und geben an, ob ein Gericht erstinstanzlich oder als Rechtsmittelgericht entscheidungsbefugt ist.

c) ‚Unlimited' und ‚limited jurisdiction' als unbeschränkte und beschränkte Zuständigkeit. Örtlich und sachlich unbeschränkt zuständig sind die ‚superior courts', also insbesondere der High Court, beschränkt zuständig sind die County Courts und die Magistrates' Courts als ‚inferior courts'. Die unbeschränkte Zuständigkeit der ‚superior courts' wird vermutet, auf die Unzuständigkeit müssen sich die Parteien also berufen und gegebenenfalls dafür Beweis antreten, während die Zuständigkeit der ‚inferior courts' von Amts wegen zu prüfen ist[8].

d) ‚Exclusive' und ‚concurrent jurisdiction'. Dies entspricht der Unterscheidung in ausschließliche und nicht ausschließliche Zuständigkeit.

---

[3] Vgl. *Walker/Walker*, English Legal System, 1972.

[4] Vgl. *Jowitt/Walsh*, Dictionary of English Law, „jurisdiction". Zur Auslegung des Begriffs jurisdiction in Gesetzen vgl. *Maxwell*, Interpretation of Statutes, p. 122 et seq.; *Craies*, Statute Law, p. 266.

[5] Vgl. R.S.C. Ord. 11, rr. 1 - 3. Zum Problem der *Exterritorialität* vgl. Mighell v. Sultan of Johore, (1894) 1 Q.B. 149; Duff Development Co., Ltd. v. Kelatan (Government), (1924) A.C. 797; Mellenger v. New Brunswick Development Corporation, (1971) 2 All E.R. 593; (1971) 1 W.L.R. 604.

[6] Vgl. *Halsbury*, Laws, 3rd ed., Vol. 9, p. 351.

[7] Vgl. Supreme Court Act, 1925, s. 18 (High Court); s. 26 (Court of Appeal); s. 2 (3) (High Court Judges); R.S.C. Ord. 32, rr. 11, 14 (Masters).

e) Eine Gerichtsstandsvereinbarung (jurisdiction agreement) ist grundsätzlich möglich; der Abschluß kann formfrei erfolgen, wenn auch in der Praxis für einen solchen Abschluß in der Regel eine schriftliche Beweisunterlage vorgelegt werden muß[8a].

Hinsichtlich der Zuständigkeit eines Richters werden, soweit seine gesetzlichen Amtsbefugnisse gemeint sind, die Ausdrücke ‚jurisdiction', ‚authority' und ‚power' weitgehend synonym verwandt[9].

Daß ein Richter bestimmte Befugnisse hat, bedeutet nicht, daß er sie hinsichtlich der Geschäftsverteilung auch wahrnimmt, denn die Häufung von richterlichen Befugnissen bei den Judges ist nicht selten, von denen ein Teil dem unteren Richterpersonal übertragen ist.

2. Im englischen Verfahrensrecht hat der Begriff ‚Court', das Gericht, einen umfassenden Sinn[10]; er kann Gericht im gerichtsverfassungsrechtlichen Sinn, aber auch den einzelnen Richter (judge, master, registrar) als Prozeßgericht bedeuten. High Court[11] und Crown Court im gerichtsverfassungsrechtlichen Sinn haben darüber hinaus noch die Eigentümlichkeit, nicht nur jeweils ein lokales Gericht zu kennzeichnen. Sie sind vielmehr Gerichtssysteme, deren Zuständigkeit sich über das ganze Gebiet der englischen Gerichtsbarkeit erstreckt. (Die lokalen Gerichte innerhalb des Crown Court werden ebenfalls Crown Court genannt.)

Das englische Gerichtsverfassungsrecht verwendet das Begriffspaar ‚inferior court' (Untergericht) und ‚superior court' (Obergericht), wobei die superior courts sich in zweifacher Hinsicht auszeichnen: Grundsätzlich besteht eine Rechtsvermutung für ihre unbeschränkte sachliche und örtliche Zuständigkeit, und sie können in einem besonders ausgestalteten Verfahren die an inferior courts anhängigen Verfahren an sich ziehen[12]. Bei den Zivilgerichten ist daher zwischen ‚Inferior' und ‚Superior Civil Courts' zu unterscheiden.

Eine weitere gerichtsverfassungsrechtliche Unterscheidung in ‚courts of record' und ‚courts not of record' bezieht sich auf die Anfertigung

---

[8] Zur Beweisregelung hinsichtlich der unbeschränkten bzw. beschränkten Zuständigkeit der superior und inferior courts vgl. R. v. Chancellor of St. Edmundsbury and Ipswich Diocese, Ex parte White, (1948) 1 K.B. 195, 205 (C.A.).

[8a] Sfeir & Co. Ltd. v. National Insurance Company of New Zealand, (1964) 1 Ll. L. Rep. 330, 339.

[9] Supreme Court Act, 1925, s. 2 (3).

[10] R.S.C. Ord. 1, r. 4 (2).

[11] Die Divisions des High Court sind keine Gerichte im prozessualen Sinn, da sie eine abteilungsmäßige Zusammenfassung verschiedener Rechtsprechungskörper darstellen. Für den einzelnen Spruchkörper am High Court wird die Bezeichnung Court verwandt.

[12] *Halsbury*, Laws, 3rd. ed., Vol 9, p. 348.

§ 2. Begriffe und Quellen

und Aufbewahrung amtlicher Prozeßprotokolle; sie hat keine rechtliche Bedeutung mehr.

3. Im englischen Gerichtsverfassungsrecht ist eine Unterscheidung zwischen *Richter-Titel* (Judge) und *Richter-Funktion* (judiciary functions) zu machen. Richterliche, d. h. rechtsprechende Funktionen sind mit einer Vielzahl von Justizämtern verbunden, ohne daß die Amtsinhaber einen einheitlichen Richtertitel führen, denn Judges, Circuit Judges, Masters, Registrars, District Registrars, Justices of the Peace usw. haben richterliche Funktionen ohne einheitlichen Richtertitel.

Die englischen Zivilrichter können in Funktionsgruppen differenziert werden, die nach dem Hierarchie-Prinzip und einem Prinzip, das auf die einzelnen Abschnitte des Zivilprozesses abstellt, zu klassifizieren sind. Die hierarchische Gliederung teilt die englische Richterschaft in *oberes* und *unteres Richterpersonal,* und den einzelnen Abschnitten des Zivilprozesses korrespondieren die Begriffe des *Vorverfahrensrichters* und des *Hauptverhandlungsrichters* (trial judge).

II. Die *Quellen des englischen Zivilprozesses und des Gerichtsverfassungsrechts* sind formelle Gesetze (statutes), Rechtsverordnungen (statutory instruments, rules) und Entscheidungen (cases). Darüber hinaus existieren Verfahrensrichtlinien für die Prozeßpraxis (directions).

1. Als amtliche *Gesetzessammlung* werden ‚Law Reports: Statutes', vom Council of Law Reporting veröffentlicht[13]. Eine Gesamtkodifikation des Gerichtsverfassungs- und Verfahrensrechts der englischen Gerichte besteht nicht.

Hauptquellen des *Gerichtsverfassungsrechts* für die Zentralgerichte in London sind der Supreme Court of Judicature (Consolidation) Act, 1925, der eine Zusammenfassung (consolidation) der bis 1925 in kraft befindlichen Gesetze, insbesondere der Gründungsgesetze für den Supreme Court[14] darstellt, und der Courts Act, 1971.

Während High Court und Court of Appeal durch diese ‚statutes' im wesentlichen organisiert sind, bestehen für die unteren Zivilgerichte und das House of Lords besondere Gesetze: Für die County Courts ist Hauptquelle der County Courts Act, 1959, für die Magistrates' Courts der Magistrates' Courts Act, 1952 (jeweils durch eine Anzahl weiterer Gesetze ergänzt und geändert), und für das House of Lords gilt der Appellate Jurisdiction Act, 1896.

2. Die einzelnen Zivilgerichte haben jeweils besondere *Prozeßordnungen.* Für das ordentliche Verfahren und einige besondere Ver-

---
[13] Zugänglicher ist: *Halsbury,* Statutes; und *ders.,* Laws.
[14] Supreme Court of Judicature Acts, 1873 und 1875. Vgl. auch *Bunge,* Englische Richterämter und Justizreform. In: DRiZ (1974), S. 17 f.

fahrensarten des High Court und des Court of Appeal sind dies die Rules of the Supreme Court (Revision) 1965 (R.S.C.), in Ehesachen die Matrimonial Causes Rules 1971.

Für die County Courts gelten die County Court Rules 1936 (C.C.R.), für den Crown Court die Crown Court Rules 1971. Als Verfahrensordnung der Magistrates' Courts in Zivilsachen wurden die Magistrates' Courts Rules 1968 erlassen. Für das Verfahren am House of Lords bestehen eine Anzahl sog. Standing Orders.

Die Rules sind Rechtsverordnungen (statutory instruments)[15], zu deren Erlaß mit Richtern (teilweise auch Unterrichtern) und Anwälten beider Anwaltsstände besetzte Juristenausschüsse (Rule Committees) ermächtigt sind[16], die vom Lord Chancellor eingesetzt werden. Die Ermächtigung bezieht sich ausschließlich auf das Verfahrensrecht; im Falle der Regelung von materiellem Recht durch eine Rule ist diese ‚ultra vires'[17] und damit nichtig[18].

Prozeßordnungen für besondere Verfahrensarten sind inbesondere die Bankruptcy Rules 1952[19], Court of Protection Rules 1960[20] und die Matrimonial Causes Rules 1971[21]. Die Adoption (High Court) Rules 1971 wurden vom Lord Chancellor als Rechtsverordnung erlassen[22].

3. Der Supreme Court Act, 1925, und die R.S.C. ermächtigen in einigen Bestimmungen die Judges, die Befugnisse des richterlichen Hilfspersonals (untere Richter und Richtergehilfen) durch ‚directions' zu bestimmen[23]. Diese *richterlichen Verfahrensrichtlinien* sind bindend; es liegt hier eine an die Judges delegierte Regelungsbefugnis hinsichtlich der Verfahrenspraxis (innerhalb des Rahmens der Rules) vor. Als Leiter

---

[15] Für die R.S.C. vgl. S. S. Hontestrom v. S. S. Sagaporack, (1927) A.C. 37, 47; Supreme Court Act, 1925, s. 99 (statutory effect), vgl. Matrimonial Causes Act, 1973, s. 50 (4). Zum Verfahren bei Verstößen gegen Rules vgl. R.S.C., Ord. 2, r. 1.

[16] Supreme Court: Rule Committee of the Supreme Court (Supreme Court Act, 1925, s. 99); County Court: County Court Rule Committee (County Courts Act, 1959, s. 102); Crown Court: Crown Court Rule Committee (Courts Act, 1971, s. 14); Magistrates' Court: Magistrates' Courts Rule Committee; Matrimonial Causes Committee (Matrimonial Causes Act, 1973, s. 50 [1]).

[17] Re Grosvenor Hotel, London (no. 2), (1965) Ch. 1233; (1964) 3 All E.R. 354; Ward v. James, (1966) 1 Q.B. 273; 1 All E.R. 563.

[18] Vgl. zum Erlaß der Rules *Gerland*, Einwirkung des Richters auf die Rechtsentwicklung in England, S. 8 ff.

[19] Bankruptcy Act, 1914, s. 132.

[20] Mental Health Act, 1959, s. 112.

[21] Weitere Rules siehe die Angabe der Hauptquellen zu Beginn der §§.

[22] Adoption Act, 1958, ss. 9 (3); 5 b (1).

[23] R.S.C. Ord. 32, r. 14 (1); Ord. 62, r. 13 (4). Vgl. auch Matrimonial Causes Rules 1971, r. 123 (1).

des Central Office erlassen die Masters wiederum sog. Masters Practice Directions, die ebenfalls Verfahrensrichtlinien sind.

4. Durch die genannten gerichtsorganisatorischen Gesetze und die prozeßrechtlichen Rules ist das englische Zivilprozeßrecht im wesentlichen gesetzlich geregelt. *Entscheidungen* (cases) sind überwiegend nur zu Auslegungszwecken von Bedeutung, denn das Case Law als Quelle des englischen Rechts ist hier wie in einigen anderen Rechtsgebieten durch Reformgesetzgebung weitgehend zurückgedrängt worden[24].

---

[24] Die wichtigsten Entscheidungen bringen *Halsbury*, Laws, „Courts" und „Practice and Procedure" und das *Supreme Court Practice 1973*.

Erster Teil

Die Zivilgerichtsverfassung

Abschnitt I

Die Zivilgerichte

§ 3. System der englischen Gerichte

Literatur:

Dilhorne, Struktur und Funktion englischer Gerichte, 1963.
Hanbury, English Courts of Law, 1967.
Jenkins, Courts of Justice, 1967.
Liebscher, Englisches Gerichtswesen, 1964.
Varano, Organizzazione e Garanzie della Giustizia Civile Nell Inghilterra, 1973.
Vick, Administration of Civil Justice in England, 1968.
Vollkommer, Richter und Gerichte in England, 1960.
Walker/Walker, English Legal System, 1972.
Walker, Courts of Law, 1970.
Weston/Wells, Administration of Justice, 1967.

Die englische Gerichtsverfassung ist dadurch charakterisiert, daß Zivil- und Strafgerichtsbarkeit von verschiedenen Gerichten ausgeübt werden; es besteht eine parallele Gliederung in County Court — High Court für die Zivilgerichte und Magistrates' Court — Crown Court für die Strafgerichte. Als Rechtsmittelgericht für England wurde der Court of Appeal mit zwei Hauptabteilungen (divisions) für Zivil- und Strafsachen errichtet. Das House of Lords ist oberster Revisionsgerichtshof für Großbritannien, und für einige Commonwealthländer übt das Judicial Committee des Privy Council diese Funktion aus.

Der Supreme Court of Judicature in England als Zentralgericht für England und Wales ist die Zusammenfassung des High Court, des Crown Court und des Court of Appeal zu einem Gericht im staatsrechtlichen Sinn. Ein wichtiger Vorteil dieser Integration ist die Bildung einer Gesamtgeschäftsstelle, des Central Office, für die Obergerichte in London. Auch die Zulassung der Anwälte (Solicitors) erfolgt beim Supreme Court.

Die Gliederung in County Court — High Court als Zivilgerichte und Magistrates' Court — Crown Court als Strafgerichte ist so ausgestaltet, daß die unteren Gerichte (inferior courts) nur für Angelegenheiten von geringerer Bedeutung, die oberen Gerichte (superior courts) jedoch grundsätzlich sachlich unbeschränkt zuständig sind.

High Court und Crown Court haben jeweils lokale Außenstellen, die beim Crown Court ebenfalls Crown Court heißen (z. B. Manchester Crown Court). Die Außenstellen des High Court (trial centres)[1] befinden sich in den Gebäuden der lokalen Crown Courts, sie sind nicht besonders gekennzeichnet. Beim Crown Court handelt es sich um den Funktionsnachfolger der früheren nichtständigen Assisengerichte und der Quarter Sessions, und zwar hat der Crown Court nur die Strafsachen übernommen, während die Zivilsachen der früheren Assisengerichte High-Court-Sachen blieben und an den trial centres entschieden werden.

Diese Gliederung der englischen Zivilgerichtsverfassung bedarf insoweit der Ergänzung, als der County Court zwar das wichtigste lokale Zivilgericht ist, aber auch der Magistrates' Court eine zahlenmäßig beschränkte, enumerativ festgelegte Anzahl von Zuständigkeiten in Zivilsachen hat.

Kapitel I

Die unteren Zivilgerichte
(Inferior Civil Courts)

§ 4. Die County Courts

Hauptquelle:
County Courts Act, 1959.

Literatur:
Butts, Modern County Court Procedure, 1966.
Gregory, County Court Mannual, 1962.
Hankinson, County Courts, 1962.
Ruttle, County Court Practice, 1973.

Bei den County Courts handelt es sich um lokale erstinstanzliche Zivilgerichte mit sachlich begrenzter Zuständigkeit. Richter sind die Circuit Judges[1] und (als untere Richter) die County Court Registrars. Die County Courts sind gerichtsverfassungsrechtlich vom Supreme Court of Judicature unabhängig, was zur Folge hat, daß die Solicitors postulationsfähig sind. Es ist daher für Hauptverhandlungen nicht erforderlich, einen Barrister zuzuziehen. Innerhalb des County Court besteht ein besonderes (Bagatell-)Gericht, der Registrar's Court[2].

---

[1] Courts Act, 1971, s. 20.
[2] C.C.R. Ord. 22.

I. Die Zuständigkeit der County Courts in der *ordentlichen Zivilgerichtsbarkeit* umfaßt alle Zivilstreitigkeiten bis zu einem Streitwert von £ 750[3]. Die Parteien können jedoch die Zuständigkeit des County Court bei einem höheren Streitwert prorogieren. Schadensersatzklagen wegen Ehrverletzung, böswilliger Anklageerhebung u. a. bedürfen der Zustimmung des Beklagten zur Geltendmachung vor einem County Court.

In Nachlaßsachen liegt die Streitwertgrenze gegenüber dem High Court bei £ 5.000[4]. Die County Courts sind insbesondere die *Bagatellgerichte* (Streitwert unter £ 75)[5]. Weitere Zuständigkeiten liegen im Wohnungswesen, auf dem Agrarsektor und bei Mietstreitigkeiten. Familienrechtliche Zuständigkeiten haben die County Courts im wesentlichen in Ehe-, Vormundschafts- und Adoptionssachen[6].

II. Eine Anzahl County Courts sind lokales *Konkursgericht*[7] und insoweit grundsätzlich in demselben Umfang zuständig wie der High Court[8] in seiner Funktion als Konkursgericht für London. Die örtliche Zuständigkeit entscheidet sich nach dem Wohnort oder dem Ort des Geschäftsbetriebes des Gemeinschuldners. Die Gerichtsbezirke der County Courts in Konkurssachen sind nicht mit den Bezirken in anderen Sachen identisch, der Umfang (wie auch der Ausschluß einzelner County Courts von der Zuständigkeit in Konkurssachen) wird vom Lord Chancellor bestimmt[9]. Die Konkurszuständigkeit umfaßt auch die Liquidation von Handelsgesellschaften.

Die Gleichstellung der County Courts mit dem High Court in Konkurssachen ist nicht völlig durchgehalten, denn wiederholt ist im Gesetz selbst die gerichtliche Entscheidung nicht dem Court schlechthin (d. h. dem Konkursgericht), sondern speziell dem High Court zugewiesen. Dies ist immer dann der Fall, wenn die gerichtliche Nachprüfung einer Entscheidung des Handelsministeriums (Board of Trade) vorgesehen ist.

Dem Handelsministerium obliegt innerhalb des englischen Konkursverfahrens vor allem die Aufsicht über die mit der Verwaltung der Masse betrauten Personen (Official receiver and trustee).

---

[3] Administration of Justice Act, 1969, ss. 1, 2. Die Streitwertgrenze kann durch Order in Council festgesetzt werden, ibid., s. 10. In Grundstückssachen vgl. Administration of Justice Act, 1973, s. 6, Sch. 1.

[4] County Courts Act, 1959, s. 52.

[5] C.C.R. Ord. 19, r. 1 (2). Zum Verfahren (Schiedsurteilverfahren) s. u. § 71.

[6] Adoption Act, 1958, s. 9 (1).

[7] Bankruptcy Act, 1914, s. 96 (1).

[8] Bankruptcy Act, 1914, s. 103.

[9] Bankruptcy Act, 1914, s. 96 (2), (4).

Ein im Vergleich mit der Zuständigkeit des High Court geringerer Umfang der Zuständigkeit des County Court ergibt sich daraus, daß die Zuständigkeit des Konkursgerichts an Stelle des Prozeßgerichts für manche Rechtsstreitigkeiten nur begründet ist, wenn Konkursgericht ein County Court ist.

III. Eine Anzahl County Courts, vornehmlich in Küstenstädten, haben Zuständigkeit in *Seesachen* (sog. Admiralty County Courts)[10], in der Regel bis zu einem Streitwert von £ 1.000.

IV. Der Lord Chancellor ist ermächtigt, durch Rechtsverordnung bestimmte County Courts zu Divorce County Courts zu ernennen, d. h. ihnen Zuständigkeiten in *Ehesachen* zu verleihen[11]. Für das Gebiet von London hat die Registry der Family Division die Funktion eines Divorce County Court. Alle Klagen in Ehesachen müssen an einem dieser lokalen Ehegerichte erhoben werden.

Soweit die Klage in einer Ehesache unstreitig (undefended) ist, wird sie von einem Circuit Judge entschieden. Hört sie auf, unstreitig zu sein, so muß an den High Court verwiesen werden, denn die Judges der Family Division sind insoweit ausschließlich zuständig. Wird die Klage wieder unstreitig, kann zurückverwiesen werden.

Da in den County Courts als Vorverfahrensrichter County Court Registrars tätig werden, sind diese in streitigen Ehesachen, die an den High Court verwiesen werden müssen, Vorverfahrensrichter nicht nur für den jeweiligen Circuit Judge, sondern auch für die High Court Judges.

§ 5. Die Zivilgerichtsbarkeit der Magistrates' Courts

Hauptquellen:

Magistrates' Courts Act, 1952.
Affiliation Proceedings Act, 1957.
Matrimonial Proceedings (Magistrates' Courts) Act, 1960.
Magistrates' Courts Rules, 1968.

Literatur:

Anthony/Berryman, Magistrates' Court Guide, 1974.
Brook-Taylor/Booth, Magistrates' Court Handbook, 1973.
Giles, Magistrates' Courts, 1963.
Shaw, Directory of Magistrates' Courts, 1972.

Die Magistrates' Courts sind in ihrer Hauptfunktion untere Strafgerichte. In der Zivilgerichtsbarkeit haben sie nur begrenzte Zuständig-

---

[10] County Courts Act, 1959, s. 55; County Courts (Admiralty Jurisdiction) Order 1966.
[11] Matrimonial Causes Act, 1967, s. 1,4 (3); Divorce County Courts Order 1971.

keiten, die gegenüber der Strafgerichtsbarkeit zurücktreten, und zwar als Familiengericht (Domestic Court), Jugendgericht (Juvenile Court) und als sonstiges Zivilgericht („Adult Court').

1. Als Familiengericht ist der Magistrates' Court insbesondere zuständig für Klagen auf Feststellung der Vaterschaft und Unterhaltsgewährung für das nichteheliche Kind (affiliation proceedings)[1]; Unterhaltssachen und Verkehrsregelungsrecht zwischen Eheleuten bei Getrenntlebenden (bei schwebendem Scheidungsverfahren werden diese Angelegenheiten dort mitentschieden); Bestellung eines Vormundes[2] und Zuteilung des Sorgerechtes vor und nach der Ehescheidung[3]. Bei Ehestreitigkeiten kann der Magistrates' Court Trennungsverfügungen (separation orders) und Maßnahmen zum Schutz der Kinder treffen.

2. Als Jugendgericht (Juvenile Court) ist der Magistrates' Court neben dem High Court und den County Courts insbesondere für Adoptionen[4], Fürsorgeverfahren, Vormundschafts- bzw. Fürsorgesachen (Care, Protection, Control) und Verfahren in Erziehungssachen (Education Act cases) zuständig.

3. Bei vertraglichen Ansprüchen auf Zahlung einer bestimmten liquiden Geldsumme (civil debts) ist die Zuständigkeit des Magistrates' Court als sonstiges Zivilgericht („Adult Court') nur gegeben, wenn die Forderung selbst nicht streitig und die Klage somit im sogenannten summarischen Verfahren erledigt werden kann[5].

In gewissen Fällen von Wohnungsmiete schließlich entscheiden die Magistrates' Courts über den Erlaß oder die Verweigerung eines Räumungsbefehls (Ejectment Order).

4. Die Magistrates' Courts werden in den Grafschaften (counties) errichtet. Als Richter wirken Friedensrichter (Justices of the Peace) oder Stipendiary Magistrates. Die Verhandlung findet, soweit in den Gesetzen nichts anderes vorgeschrieben ist, vor drei Justices statt, wobei der Clerk of the Justices als Richtergehilfe mit juristischer Ausbildung regelmäßig anwesend ist.

---

[1] Affiliation Proceedings Act, 1957.
[2] Guardianship Act, 1973.
[3] Matrimonial Proceedings (Magistrates' Courts) Act, 1960.
[4] Adoption Act, 1958, s. 9 (1).
[5] Magistrates' Courts Act, 1952, ss. 56, 98.

Kapitel II

Die oberen Zivilgerichte
(Superior Civil Courts)

§ 6. Der High Court of Justice
(Queen's Bench Division, Chancery Division, Family Division)

Hauptquelle:
Supreme Court Act, 1925.

Der High Court of Justice[1] als oberes Zivilgericht bildet zusammen mit dem Crown Court[2] und dem Court of Appeal den Supreme Court of Judicature in England, der ein Zentralgericht für England und Wales darstellt. Der High Court ist erstinstanzliches Gericht (court of first instance) und Rechtsmittelgericht für verschiedene Untergerichte. Die Streitwertgrenze gegenüber den County Courts in Queen's Bench-(Common Law-)Verfahren liegt z. Z. bei £ 750[3] und in Equity-Verfahren bei einem Höchstwert von £ 5.000.

Der High Court ist die Zusammenfassung der historischen englischen Obergerichte[4], deren Namen noch teilweise in den Bezeichnungen der drei Hauptabteilungen Queen's Bench Division, Chancery Division und Family Division fortleben.

Der High Court als Zentralgericht für ganz England hat seinen Sitz in den Royal Courts of Justice. Er verfügt über örtliche Außenstellen (District Registries und trial centres), an denen sowohl Hauptverhandlungen (trials) als auch Verfahren ‚in Chambers'[5] durchgeführt werden.

Für die drei Hauptabteilungen (divisions) des High Court gilt die folgende Zuständigkeitsverteilung[6]:

1. Die *Queen's Bench Division* ist im Grundsatz für alle Verfahren zuständig, bei denen als materielles Recht Common Law zur Anwendung kommt und für die nicht die ausschließliche Zuständigkeit einer der beiden anderen Hauptabteilungen besteht. Kraft gesetzlicher Zuweisung ist diese Hauptabteilung auch für luftfahrtrechtliche Angelegenheiten[7] und Seesachen (einschließlich der Prisengerichtsbarkeit) zu-

---

[1] Zur Bezeichnung vgl. Supreme Court Act, 1925, s. 1.
[2] Courts Act, 1971, s. 1.
[3] Administration of Justice Act, 1969, ss. 1, 2.
[4] Zur Geschichte des Supreme Court vgl. *Gerland,* Die englische Gerichtsverfassung, S. 297 ff.
[5] Practice Direction (1973) 1 All E.R. 25.
[6] Supreme Court Act, 1925, s. 56.
[7] Civil Aviation Act, 1949, s. 62 (2). Vgl. aber R.S.C. Ord. 93, r. 18.

ständig[8]. Innerhalb der Queen's Bench Division besteht als Handelsgericht der Commercial Court[9] und als Seegericht der Admiralty Court[10].

2. Die *Chancery Division* ist im Prinzip für Verfahren zuständig, bei denen als materielles Recht ‚Equity' angewandt wird. Chancery-Sachen sind z. B. besondere Klagen auf Vertragserfüllung (specific performance). Die Finanzgerichtsbarkeit (revenue proceedings)[11], die Patentgerichtsbarkeit und Gebrauchsmustersachen (registered design proceedings)[12] und Warenzeichensachen (trade marks)[13] sind durch Gesetz ausdrücklich dieser Division des High Court zugewiesen. Die Chancery Division ist auch zuständig für die Konkursgerichtsbarkeit des Londoner Konkursbezirks[14] und für alle sonstigen Konkursverfahren, für die die örtliche Zuständigkeit eines County Court nicht begründet ist[15], sowie für Rechtsmittelverfahren gegen Entscheidungen anderer Konkursgerichte.

Die Chancery Division ist das Erbschafts- bzw. Nachlaßgericht[16] einschließlich streitiger Testamentssachen (contentious probate proceedings)[17]. Sie ist schließlich noch für bestimmte Mietsachen[18] zuständig. Diese Zuständigkeiten sind auf zwei Gruppen von Judges (A und B) verteilt, die selbständige Unterabteilungen der Division bilden.

Diesem Katalog der (z. T. ausschließlichen) Chancery-Angelegenheiten läßt sich kein allgemeines Prinzip entnehmen, insbesondere sind auch die traditionellen Chancery-Angelegenheiten nicht mit Angelegenheiten der freiwilligen Gerichtsbarkeit im materiellen Sinn identisch[19]. Es bestehen außerdem konkurrierende Zuständigkeiten gegenüber der Queen's Bench Division.

3. Die *Family Division*[20] als Familien-Gericht des High Court ist für Familiensachen, insbesondere für Scheidungsverfahren zuständig. Bis 1967 war der High Court in Ehesachen für England und Wales aus-

---

[8] Administration of Justice Act, 1970, s. 1 (3).
[9] Administration of Justice Act, 1970, s. 3 (1).
[10] Administration of Justice Act, 1970, s. 2.
[11] R.S.C. Ord. 91, r. 1.
[12] R.S.C. Ord. 103, r. 2.
[13] R.S.C. Ord. 100, r. 1.
[14] Bankruptcy Act, 1914, ss. 99, 97.
[15] Bankruptcy Act, 1914, s. 98.
[16] R.S.C. Ord. 99, r. 1. Ord. 85, rr. 2, 9 (administration action).
[17] Administration of Justice Act, 1970, s. 1 (4). R.S.C. Ord. 76.
[18] R.S.C. Ord. 97, rr. 1, 2.
[19] Vgl. *Vollkommer*, Richter und Gerichte in England, S. 183 Anm. 103, vgl. auch *ders.*, Begriff, §§ 11 - 14.
[20] Administration of Justice Act, 1970, sch. I.

schließlich zuständig, aber seither sind auch die ‚Divorce County Courts' für nichtstreitige Ehesachen sachlich zuständig. Außerdem umfaßt die Zuständigkeit dieser Division Unterhaltsprozesse, vormundschaftliche Angelegenheiten[21], Ehelichkeitserklärungen, die nichtstreitigen Testamentssachen (probate)[22] und Adoptionssachen[23].

§ 7. Der Court of Appeal (Civil Division)
Hauptquelle:
Supreme Court Act, 1925.

Literatur:
Cohen, Jurisdiction, Practice and Procedure of the Court of Appeal, 1951.
Evershed, The Court of Appeal in England, 1950.

Der *Court of Appeal* ist das Appellationsgericht für England und Wales in Straf- und Zivilsachen gegen Entscheidungen der County Courts, des High Court und des Crown Court, des National Industrial Relations Court (Arbeitsgericht) und gegen Entscheidungen von bestimmten Sondergerichten (tribunals).

Der Court of Appeal ist in eine straf- und eine zivilrechtliche Hauptabteilung (division)[1] und vier Spruchkörper (divisions)[2] gegliedert und mit dem Master of the Rolls als Präsidenten und 14 Oberrichtern (Lords Justices) besetzt.

§ 8. Das House of Lords
Hauptquelle:
Appellate Jurisdiction Act, 1896.

Literatur:
Blom-Cooper/Drewry, Final Appeal, 1972.

Als oberster Appellationshof für das Vereinigte Königreich besteht das *House of Lords*. Es wird personell und sachlich als Gericht und nicht als zweite Kammer des Parlaments tätig. Die sog. Law Lords haben zwar Sitz und Stimme auch im Gesetzgebungsorgan; tatsächliche staatsrechtliche Praxis (convention) ist aber, daß sie nicht zu politischen Fragen, sondern nur zu Justizangelegenheiten Stellung nehmen.

Als Entscheidungsorgane des House of Lords wurden zwei Appellate Committees eingerichtet. Das Zulassungsverfahren erfolgt vor zwei Appeal Committees[1].

---

[21] Guardianship of Minors Act, 1971, s. 15.
[22] Administration of Justice Act, 1970, s. 1.
[23] Adoption (High Court) Rules 1971, r. 3.
[1] Criminal Appeal Act, 1966, s. 1 (2).
[2] Supreme Court Act, 1925, s. 68 (3).

Die Entscheidungen dieses Gerichts ergehen in der Form von Voten (speaches) der Mitglieder auf den Antrag des Vorsitzenden (Lord Chancellor).

§ 9. Das Judicial Committee des Privy Council

Hauptquellen:

Judicial Committee Act, 1933.
Judicial Committee Rules, 1957.

Literatur:

Bentwich, Privy Council Practice, 1937.
Palley, Judicial Committee of the Privy Council as Appellate Court, 1967.
Patey, Commission judiciaire, 1938.
Wallace, Rechtsausschuß des Geheimen Staatsrats, 1929.

Der Rechtsausschuß des Kronrats (Judicial Committee of the Privy Council) ist insbesondere mit den Oberrichtern am House of Lords (Lords of Appeal in Ordinary) besetzt. Er ist der Appellationsgerichtshof für einige Mitgliedsländer des Commonwealth.

Die Entscheidungen dieses Gerichts ergehen nicht in Urteilsform, sondern als Rat an den Monarchen, sind aber bindend für den judex a quo[1]. Dieser Rat (advice) wird vom Monarchen in der Form eines Order in Council erlassen. Es gibt die Möglichkeit von Minderheitsvoten[2].

Kapitel III

Die Geschäftsstellen der Zivilgerichte

§ 10. Das Central Office des Supreme Court und die District Registries

I. Präsident des *Central Office des Supreme Court* ist der Lord Chancellor, der die Einteilung in Abteilungen (departments) vornimmt und Richtlinien für die Geschäftsverteilung erläßt[1]. Die eigentliche Leitung des Central Office ist kollektiv den Queen's Bench Masters übertragen[2], die sie u. a. durch den Erlaß von Verfahrensrichtlinien (Masters' Practice Directions)[3] ausüben. Außerdem stellen sie im Rota-

---

[1] Standing Orders of the House of Lords (Public Business), Judicial Business, s. 77 (1), (2).

[1] Ibrallebe v. R., (1964) A.C. 900 (P.C.).

[2] Judicial Committee (Dissenting Opinion) Order in Council, 1966.

[1] R.S.C. Ord. 63, r. 1.

[2] Supreme Court Practice 1973, Ord. 63/1/2.

[3] Vgl. Masters' Practice Directions, Tables and Forms, 1966, die allerdings keine Rechtsverordnungen sind, vgl. Hume v. Somerton, (1890) 25 Q.B.D. 243.

§ 10. Central Office und District Registriers

tionssystem den sog. Practice Master, der den allgemeinen Geschäftsstellenbetrieb überwacht und Einzelanweisungen an das Geschäftsstellenpersonal erteilen kann[4]. Es gibt zwei Chief Clerks, nämlich den Chief Clerk of the Central Office und den Chief Clerk to the Judge in Chambers[5]. Der erstere leitet die eigentliche Justizverwaltung, während der letztere Richtergehilfe für den jeweiligen Judge in Chambers bei formellen Rechtsmitteln (appeals) in Verfahrenssachen und allgemeinen Anträgen ist.

Der Master ist Beschwerde-Instanz bei anhängigen Verfahren hinsichtlich prozeßrechtlicher Streitigkeiten, allerdings nur im Vorverfahren (interlocutory proceedings) bis zur Hauptverhandlung. Die beschwerdeführende Partei muß bei einer Einzelfrage des Verfahrensrechts zunächst die Entscheidung des Chief Clerk einholen. Wird der Beschwerde nicht abgeholfen, so kann sie sich an den Practice Master wenden, gegen dessen Entscheidung es ein formelles Rechtsmittel (appeal) zum Judge gibt.

Die 5 Abteilungen des Central Office[6] sind das Masters' Secretary's and Queen's Remembrancer's Department, das Action Department, das Filing and Record Department, das Crown Office and Associates' Department zusammen mit dem Criminal Appeal Office und das Supreme Court Taxing Office.

Das *Masters' Secretary's Department* ist die allgemeine Geschäftsstelle der Queen's Bench Masters unter der Leitung des Masters' Secretary[7]. Diese Abteilung der Gesamtgeschäftsstelle, der der Senior Master als ranghöchster Master vorsteht (der verschiedene Ämter in Personalunion verbindet)[8], ist u. a. für Fragen des internationalen Prozeßrechts zuständig, z. B. für Zustellung und Vollstreckung im Ausland oder auf Ersuchen eines ausländischen Gerichts[9]. Von dieser Abteilung aus erfolgt außerdem die Leitung des Central Office hinsichtlich der allgemeinen Justizverwaltung. Sie hat eine Unterabteilung, das Queen's Remembrancer's Department, die der Senior Master leitet[10] und die in beschränktem Umfang für die Eintreibung von Geldstrafen und Vollstreckung gerichtlicher Schuldanerkenntnisse (recognisance) zuständig ist[11].

---

[4] R.S.C. Ord. 63, r. 2.
[5] Supreme Court Practice 1973, Ord. 63/1/2.
[6] Vgl. Supreme Court Practice 1973, Ord. 63/1/2.
[7] Supreme Court Practice 1973, Ord. 63/1/2.
[8] Supreme Court Act, 1925, s. 122.
[9] R.S.C. Ord. 39, rr. 2, 3.
[10] Supreme Court Act, 1925, s. 122.
[11] Vgl. Supreme Court Practice 1973, Ord. 63/1/3.

Das *Action Department* ist die im eigentlichen Sinn für die formelle Klageerhebung (issuing process) zuständige Abteilung des Central Office, denn hier werden die Klageerhebungen und Ladungen amtlich registriert und damit erlassen (issue, entry). Diese Abteilung wird durch den Head Clerk geleitet. Hier werden auch die formellen Einlassungen (entering appearances) in das Klagenverzeichnis (cause book) eingetragen, und von hier aus erfolgen die Ladungen für die Termine vor dem Vorverfahrensrichter (Master). Diese Abteilung stellt den Sitzungsdienst für den judge in chambers; er wird vom Head Clerk oder vom Chief Clerk versehen.

Das *Filing and Record Department,* das ebenfalls durch einen Head Clerk geleitet wird, ist für das sog. filing gerichtlicher Dokumente zuständig, d. h. für ihre amtliche Registrierung und Aufbewahrung. Dies gilt insbesondere für Protokolle über eidliche Versicherungen (affidavids), Prozeßvergleiche, vollstreckbare Urkunden, Prozeßvollmachten u. ä. Die eigentlichen Schreibarbeiten, insbesondere die Vervielfältigung von Dokumenten, erfolgen nicht im Filing Department, sondern in einer vom Central Office unabhängigen Kanzlei, dem Scrivenery Department[12].

Das *Crown Office and Associates' Department* wird vom Queen's Coroner and Attorney and Master of the Crown Office geleitet, der kraft dieses Amtes Queen's Bench Master ist. Als Crown Office ist die Abteilung für die Vorbereitung von Rechtsmittelverfahren bzw. Rechtsaufsichtsverfahren hinsichtlich von Unter- und Sondergerichten (tribunals)[13] zuständig. Der *Clerk of the Lists* im Crown Office nimmt die Geschäftsverteilung auf die Judges am Supreme Court vor[14]. Gegen seine Entscheidung gibt es einen Rechtsbehelf (application) zum ‚Judge in charge of the List', der nach mündlicher Verhandlung (hearing) entscheidet.

Im *Associates' Department,* dem der Chief Associate vorsteht, werden die Hauptverhandlungen in ihrem äußeren Ablauf vorbereitet; insbesondere stellt diese Abteilung die Richtergehilfen für den Sitzungsdienst[15].

Im *Supreme Court Taxing Office* schließlich werden die Kostenfestsetzungsverfahren der Queen's Bench und der Chancery Division durch besondere Taxing Officers, insbesondere die Taxing Masters durchgeführt[16].

---

[12] Vgl. Supreme Court Practice 1973, Ord. 63/1/5.
[13] Vgl. *Halsbury,* Laws, 3rd ed. Vol. 9 p. 429.
[14] Supreme Court Practice 1973, Ord. 63/1/2 und Ord. 34/4 (n).
[15] s. u. § 28.
[16] s. u. § 69.

II. Die *District Registries* sind Außenstellen des Supreme Court, und zwar des High Court, die damit zu einem superior court gehören. Sie werden durch eine vom Lord Chancellor erlassene Rechtsverordnung errichtet[17]. Es gab 1972 128 District Registries[18]. Sie stellen neben den County Courts ein zweites System lokaler Zivilgerichte dar und sind mit einem oder mehreren District Registrars als unteren Richtern besetzt, die regelmäßig in Personalunion County Court Registrar sind.

Das Verfahren in den District Registries ist das gleiche wie im Central Office des Supreme Court in London[19]. Der eigentliche Geschäftsstellenleiter ist der Chief Clerk der District Registry.

§ 11. Die Geschäftsstellen der anderen Zivilgerichte

I. Die Geschäftsstellen der County Courts (County Court Registries) stehen unter der Leitung des Chief Clerk, während der County Court Registrar ausschließlich Funktionen eines Unter- und Bagatellrichters des County Court wahrnimmt[1]. Der Chief Clerk untersteht den Weisungen (directions) des Lord Chancellor[2].

II. Die Geschäftsstelle des House of Lords ist das Judicial Office als Abteilung des Büros (Office) des Clerk of the Parliaments. Der Clerk of the Parliaments ist der Registrar des Gerichts. Die Geschäftsverteilung auf die einzelnen Law Lords erfolgt im Lord Chancellor's Department. Die Clerks des Judicial Office sind Parlamentsangestellte (servants of Parliament). Das Judicial Office steht unter der Leitung des Principal Clerk, der auch der Kostenfestsetzungsbeamte des Gerichts ist.

---

[17] Supreme Court Act, 1925, s. 84 (1).
[18] Supreme Court Practice 1973, Ord. 32/23 - 26/2.
[19] R.S.C. Ord. 63, r. 11.
[1] County Court (Amendment No. 3) Rules 1972.
[2] Loc. cit. rr. 2, 3.

Abschnitt II

Die Zivilrichter

§ 12. System der Richter an englischen Zivilgerichten

Literatur:

Bunge, Englische Richterämter und Justizreform, 1974.
Cecil, The English Judge, 1972.
Cohn, Richter, Staat und Gesellschaft, 1958.
Kayser, Auswahl der Richter, 1969.
Romberg, Richter Ihrer Majestät, 1971.
Scarman, English Judge, 1967.
Webster, The Judiciary, 1972.

Von den Richtern[1] an englischen Zivilgerichten hat nur ein Teil das staatsrechtliche Amt des Judge. Die gesamte Funktionsgruppe der Richter gliedert sich in Berufsrichter und Laienrichter, von denen die Berufsrichter eine Richterhierarchie bilden, die nach Funktionen im englischen Prozeß zu differenzieren ist. Neben dem Berufsrichter kennt die englische Gerichtsverfassung Richter auf Zeit und Richterkommissare.

1. An der Spitze der Berufsrichterhierarchie stehen die High Court Judges und die Appellationsrichter des Court of Appeal (Lords Justices of Appeal) und des House of Lords (Lords of Appeal in Ordinary). Sie sind die Richter im Sinne des englischen Staatsrechts, ihre Stellung, insbesondere ihre Unabhängigkeit ist besonders geschützt.

Eine mittlere Ebene der Berufsrichter bilden die Circuit Judges, die am Crown Court und den County Courts tätig sind.

Diese beiden Gruppen haben fast ausschließlich die Funktion eines Hauptverhandlungsrichters; am Vorverfahren des englischen Zivilprozesses sind sie in der Regel nicht beteiligt.

Die untere Ebene der Berufsrichter stellt eine Gruppe von Richtern dar, die zwar auch in weniger bedeutenden Verfahren Hauptverhandlungen durchführen können, deren charakteristische Funktion innerhalb des Zivilprozesses aber die Aufgabe eines Vorverfahrensrichters ist. Es sind dies die Masters und Registrars.

---

[1] Zum Begriff Richter s. o. § 2 IV.

2. Neben diesen Berufungsrichtern gibt es als Richter auf Zeit die Recorders neuer Art, die insbesondere am Crown Court Verwendung finden.

3. Soweit der Funktionsbegriff Richterkommissare verwandt wird, soll darunter ein in der englischen Gerichtsverfassung nicht seltener Status verstanden werden, bei dem die Richterstellung durch eine bestimmte ‚commission‘, einen Rechtsprechungsauftrag begründet wird[2]. Die englische Krone als Gerichtsherr kann durch Richterkommissare alle Zuständigkeiten des Supreme Court wahrnehmen lassen, und u. a. zur Überwindung von Engpässen ist davon nicht selten Gebrauch gemacht worden. Der Rechtsprechungsauftrag kann sachlich umfassend sein, er kann sich aber auch auf einzelne Aufgaben erstrecken (general oder special commission). Teilweise handelt es sich bei dieser Institution um Hilfsrichter, zum Teil aber auch um ersuchte Richter anderer Gerichte, etwa der County Courts.

4. Neben diesem System der rechtswissenschaftlich vorgebildeten Richter amtieren als Laienrichter in Zivilsachen die Justices of the Peace(Magistrates, Friedensrichter) und die Ziviljury.

Kapitel I

Die Judges

§ 13. Die Klassen der Judges

Literatur:

Bunge, Englische Richterämter und Justizreform, 1974.

Die Judges als Oberrichter der englischen Gerichtsbarkeit sind nach ihrer grundsätzlichen Zuweisung zu dem jeweiligen Obergericht und nach ihrer Funktion innerhalb des betreffenden Gerichts zu klassifizieren.

Danach ist zwischen High Court Judges, Lords Justices of Appeal am Court of Appeal und den Lords of Appeal in Ordinary am House of Lords zu unterscheiden.

Diesen einfachen Oberrichtern (ordinary judges) stehen die präsidierenden Oberrichter gegenüber, wobei zwischen Präsidenten des Gesamtgerichts und Präsidenten der einzelnen Hauptabteilungen (divisions) zu unterscheiden ist. Außerdem haben die Gerichtsbezirke jeweils zwei Präsidenten.

---

[2] s. u. § 23.

§ 14. Die einzelnen Ämter der Judges

Literatur:

Bohndorf, Gehälter der englischen Richter, 1970.
Erskine, Selection of Judges in England, 1953.
Holdsworth, Constitutional Position of the Judges, 1932.
Honegger, Amtsentsetzung des Richters, 1949.
Schuster, Office of the Lord Chancellor, 1949.
Wolff, Freiheit und Gebundenheit des englischen Richters, 1947.

I. Der ranghöchste *präsidierende Oberrichter* ist der Lord Chancellor, der neben seinen richterlichen Pflichten politische, justizadministrative und legislative Aufgaben hat[1]. Als Richter ist er gleichzeitig Präsident der Chancercy Division[2] (ständig vertreten durch den Senior Chancery Judge), des gesamten High Court[3], des Court of Appeal[4] und des House of Lords als oberstem Appellationsgericht[5]. Als Richter des jeweiligen Gerichtshofs hat er die gleichen Befugnisse und Zuständigkeiten (power, authority und jurisdiction) wie die anderen Judges[6], übt sie jedoch in der Regel nicht aus.

Präsident der Queen's Bench Division ist der Lord Chief Justice[7], der de facto Präsident des gesamten High Court ist. Er und der Präsident der Family Division sind gleichzeitig ex officio Mitglieder des Court of Appeal[8]. In der Rangliste der englischen Oberrichter (precedence of judges)[9] an dritter Stelle nach dem Lord Chancellor und dem Lord Chief Justice steht der Master of the Rolls, der Präsident des Court of Appeal ist. Die 6 englischen Gerichtsbezirke (circuits) haben jeweils 2 Präsidenten (Presiding Judges), von denen einer ‚Senior Presiding Judge' ist.

II. Die Mindestanzahl der *einfachen Judges* am High Court (puisne judges) und der höheren Judges am Court of Appeal (Lords Justices of Appeal) wird durch Gesetz festgelegt[10]. Die Anzahl der an beiden Gerichtshöfen tätigen Oberrichter kann jedoch auf die verschiedenste Weise erhöht werden:

---

[1] Vgl. *Halsbury,* Laws, 3rd ed. Vol. 7, pp. 367 et seq., der einen genauen Überblick über die vielfältigen Aufgaben des Lord Chancellor bringt.

[2] Supreme Court Act, 1925, s. 4 (1) (I).

[3] In Abwesenheit des Lord Chancellors ist der Lord Chief Justice Präsident, vgl. ibid., s. 2 (2).

[4] Supreme Court Act, 1925, s. 6 (4).

[5] Vgl. *Halsbury,* Laws, 3rd ed. Vol. 7, p. 375.

[6] Supreme Court Act, 1925, s. 2 (1), (3).

[7] Vgl. *Halsbury,* Laws, 3rd ed. Vol. 9 p. 414 (No 958).

[8] Supreme Court Act, 1925, s. 6 (2).

[9] Supreme Court Act, 1925, s. 16.

[10] Administration of Justice Act, 1968, s. 1 (2); Supreme Court Act, 1925, ss. 2 (1), 6 (1). Maximum Number of Judges Order 1970.

Alle Judges des Court of Appeal und alle emeritierten Judges des Supreme Court können auf Ersuchen des Lord Chancellor das Amt eines Richters am High Court insbesondere vertretungsweise ausüben[11]. Alle ehemaligen Lord Chancellors und alle Richter am House of Lords (Lords of Appeal in Ordinary), die die Voraussetzungen zur Ernennung als Judge des Court of Appeal erfüllen, dürfen auf Ersuchen des Lords Chancellor mit ihrer Zustimmung als Richter am Court of Appeal tätig werden[12].

Das gleiche gilt für alle emeritierten Judges des Supreme Court[13]. Außerdem kann der Lord Chancellor alle High Court Judges als zusätzliche Richter dem Court of Appeal aushilfsweise beiordnen[14].

III. Alle Judges werden von der Krone durch königlichen Patent-Brief ernannt; eine Ausnahme macht nur der Lord Chancellor, für den es ein besonderes Ernennungsverfahren gibt[15]. Bindendes Vorschlagsrecht für die einfachen Judges, die Circuit Judges und die Recorders hat der Lord Chancellor, für die präsidierenden Judges einschließlich des Lord Chancellor und die höheren Judges der Premierminister[16]. Alle Judges leisten den Richtereid (oath of allegiance und judicial oath)[17].

Für den Lord Chancellor bestehen keine Ernennungsvoraussetzungen hinsichtlich seiner juristischen Ausbildung. Um zum einfachen Judge am High Court ernannt werden zu können, sind zehn Jahre Zulassung als Barrister[18] erforderlich, zum Lord Justice of Appeal fünfzehn Jahre, sofern der Betreffende nicht schon High Court Judge war[19]. Zum Präsidenten der Queen's Bench oder Family Division und zum Master of the Rolls kann ernannt werden, wer Richter am Court of Appeal war oder die Voraussetzungen dafür erfüllt[20].

Der Lord Chancellor hat die verfassungsrechtliche Stellung eines Ministers, er kommt daher mit dem Kabinett in sein Amt und tritt mit ihm zurück[21]. Er genießt damit nicht persönliche richterliche Unabhängigkeit, er hat vielmehr sein Amt ‚during pleasure'[22] inne.

---

[11] Supreme Court Act, 1925, s. 3.
[12] Supreme Court Act, 1925, s. 6 (2).
[13] Supreme Court Act, 1925, s. 8.
[14] Ibid., s. 7.
[15] Vgl. *Halsbury*, Laws, 3rd ed. Vol. 7 p. 367.
[16] *Halsbury*, Laws, Vol. 7, p. 371 n. (d).
[17] Supreme Court Act, 1925, s. 12 (3); Promissory Oath Act, 1868.
[18] Barristers (Qualification for Office) Act, 1961.
[19] Supreme Court Act, 1925, s. 9 (1), (2).
[20] Ibid., s. 9 (3).
[21] *Halsbury*, Laws, 3rd ed. Vol. 7 p. 369 (No. 779).
[22] Supreme Court Act, 1925, s. 12 (1).

Die Judges des Supreme Court haben ihr Richteramt ‚during good behavior', also auf Lebenszeit[23]. Sie sind jedoch nicht unabsetzbar; man muß hier zwischen einem verfassungsrechtlichen und einem weiteren Amtsenthebungsverfahren unterscheiden.

Die Absetzung durch verfassungsrechtliches Verfahren erfolgt aufgrund eines Beschlusses beider Häuser des Parlaments durch die Krone, und zwar wegen Verstoßes gegen ein Gesetz[24].

Dieses Verfahren gewährleistet die Souveränität des Parlaments, die ein charakteristisches Merkmal der englischen Verfassung ist[25]. Von dieser Möglichkeit ist als spezifisch verfassungsrechtlichem Machtmittel des Parlaments gegenüber der Dritten Gewalt in neuerer Zeit noch kein Gebrauch gemacht worden[26].

Ein weiteres Amtsenthebungsverfahren besteht bei dauernder Amtsunfähigkeit[27]. Das Richteramt wird hier vom Lord Chancellor für vakant erklärt.

IV. Die Gehälter und Pensionen der Judges werden vom Lord Chancellor mit Zustimmung des Ministers for the Civil Service festgesetzt[28]. Das Pensionsalter der Judges beträgt 75 Jahre[29].

Die personelle Trennung von Judikative und Legislative wird dadurch gewährleistet, daß die Judges nicht Unterhausabgeordnete sein dürfen, also kein passives Wahlrecht für das House of Commons besitzen[30]. Für alle Amtshandlungen der Richter besteht grundsätzlich keine zivilrechtliche Haftung[31].

Die Judges sind staatsrechtlich und gerichtsverfassungsrechtlich Vertreter des Monarchen[32], von dem alle englische Jurisdiktionsgewalt

---

[23] Supreme Court Act, 1925, s. 12 (1). Vgl. Supreme Court Act, 1873, s. 9; der später geänderte Para. sprach ausdrücklich von einem Amt auf Lebenszeit. Zum Ausdruck ‚good behavior' vgl. Act of Settlement, 1701: quamdiu se bene gesserint.

[24] Supreme Court Act, 1925, s. 12 (1); zum Verfahren vgl. *Halsbury*, Laws, 3rd ed. Vol. 7 pp. 341 et seq.

[25] Vgl. *Dicey*, A. V.,Introduction to the Study of the Law of the Constitution, 10th ed. London 1965, p. 510.

[26] Seit dem Act of Settlement, 1701, das die Unabsetzbarkeit der Judges zum erstenmal in einem Statute niederlegte, wurde nur einmal ein (irischer) Judge abgesetzt, vgl. Barrington's Case, (1830) 62 Lords Journals 599.

[27] Administration of Justice Act, 1973, s. 12.

[28] Administration of Justice Act, 1973, s. 9 - 11.

[29] Judicial Pensions Act, 1959, s. 2 (1), sch. I.

[30] House of Commons Disqualification Act, 1957, s. 1 (1) Pt. I.

[31] Sirros v. Moore and Another, Times Law Report 30. 7. 1974 (C.A.).

[32] John Russel & Co. Ltd. v. Crayzer, Irvine & Co. Ltd., (1916) 2 A.C. 298, 302 (H.L.).

ausgeht[33]. Der Monarch ist in der Person des Richters im Gerichtssaal anwesend[34], was sich insbesondere auf die Formalitäten der öffentlichen Sitzungen auswirkt. Die Judges sprechen Recht mit königlicher Autorisierung kraft gesetzlichen Auftrages[35].

§ 15. Die Circuit Judges (mit Official Referees)
Hauptquelle:
Courts Act, 1971.

I. Die *Circuit Judges*, deren Zahl nicht durch Gesetz festgelegt ist, werden von der Krone auf Vorschlag des Lord Chancellor ernannt[1]. Sie stellen das obere Richterpersonal der Crown Courts und der County Courts. Circuit Judge kann werden, wer 10 Jahre praktizierender Barrister oder ein Recorder mit einer Amtszeit von 5 Jahren war[2]. Für die Circuit Judges gibt es ein Absetzungsverfahren wegen Amtsunfähigkeit (incapacity) oder Amtspflichtverletzung (misbehavior), für das der Lord Chancellor zuständig ist[3]. Der Circuit Judge hat ein Recht auf Gehör in diesem Absetzungsverfahren, und die Amtsunfähigkeit bzw. Amtspflichtverletzung müssen bewiesen sein[4]. Pensionsalter der Circuit Judges ist 72 Jahre[5].

II. Einige vom Lord Chancellor speziell beauftragte Circuit Judges haben jeweils in den 6 Circuits die Aufgaben wahrzunehmen, die die bisherigen durch das Courts Act 1971 abgeschafften *Official Referees* hatten (official referees business)[6].

Der Circuit Judge wird als amtlicher Schiedsrichter[7] und als Richterkommissar tätig, und zwar entweder für den High Court oder den Court of Appeal[8]. Die Verweisung einer Sache an ihn ist in jedem Stadium des Verfahrens möglich, und zwar erfolgt sie in zwei alternativen Formen:

---

[33] London Corporation v. Cox, (1867) 2 L.R. H.L. 254.
[34] Vgl. *Halsbury*, Laws, 3rd ed. Vol. 7 p. 240; der Monarch selbst darf nicht mehr in Person entscheiden, Prohibitions del Roy, (1607) 12 Co. Rep. 63; 11 Digest (Repl.) 583 (Case 176).
[35] Bac. Abr., Prerogative (D) (1): "Hence all judges must derive their authority from the Crown, by some commissions warranted by law; ...", cit. *Halsbury*, Laws, 3rd ed. Vol. 9 p. 344 n. (b).
[1] Courts Act, 1971, s. 16 (1). (1972 ca. 200.)
[2] Courts Act, 1971, s. 16 (3).
[3] Courts Act, 1971, s. 17 (4); Country Courts Act, 1959, s. 8.
[4] Vgl. für einen County Court Judge Ex parte Ramshay, (1852) 18 Q.B. 65.
[5] Courts Act, 1971, s. 17 (1) (2).
[6] Courts Act, 1971, s. 25.
[7] Arbitration Act, 1950, s. 11.
[8] R.S.C. Ord. 36, rr. 1, 2; Ord. 59, r. 10 (1).

a) zur Durchführung der gesamten Hauptverhandlung (trial) oder der Beweisaufnahme innerhalb der Hauptverhandlung[9];

b) als Überweisung zur Untersuchung und zum Bericht (reference for inquiry and report)[10].

Die Überweisung zur Untersuchung und zum Bericht darf grundsätzlich nicht erfolgen, wenn eine Partei ein Recht auf eine Jury hat und davon Gebrauch macht, denn dann werden die Tatfragen von den Geschworenen entschieden. Eine Überweisung an einen Circuit Judge kann insbesondere auch zur Durchführung eines Schadensersatz-Festsetzungsverfahrens (assessment of damages) erfolgen[11]. Der Circuit Judge in der Funktion als Richterkommissar kann den Judge immer dann ersetzen, wenn dies unter Berücksichtigung der Natur des Falles im Interesse einer oder mehrerer Parteien erwünscht ist, sei es aus Gründen der Zügigkeit, Wirtschaftlichkeit oder Zweckmäßigkeit des Verfahrens. Dies gilt besonders für umfangreichere Punktensachen.

Die Verweisung an einen Official Referee ist, wenn die Krone[12] Partei ist, nur mit deren Zustimmung zulässig[13]. Es darf nicht an einen bestimmten Circuit Judge verwiesen werden[14]. Die Geschäftsverteilung (allocation of business) erfolgt vielmehr durch Zuschreibung nach dem Rotationssystem durch den rota clerk[15].

Der Circuit Judge hat als Official Referee aufgrund der Verweisung zur Durchführung der Hauptverhandlung alle Befugnisse eines High Court Judge[16], insbesondere darf er bei contempt of court Haft verhängen. Er führt die Hauptverhandlung (trial) nach denselben Vorschriften durch wie ein Judge[17] und kann nach Bedarf Beisitzer (assessors) hinzuziehen[18]. Soweit er nicht die gesamte Hauptverhandlung durchführt, sondern nur über die Tatfragen verhandelt, hat seine Entscheidung die Wirkung eines verdict einer Jury; der Judge ist also an diese Entscheidung gebunden[19].

Anders ist es bei der Verweisung zur Untersuchung und zum Bericht. Der Judge ist an die im vom Circuit Judge zu erstellenden formellen

---

[9] R.S.C. Ord. 36, r. 1.
[10] R.S.C. Ord. 36, r. 2.
[11] R.S.C. Ord. 37, r. 4 (a).
[12] Vgl. R.S.C. Ord. 36, r. 10; Ord. 77; Crown Proceedings Act, 1947, s. 38 (2).
[13] R.S.C. Ord. 36, r. 10.
[14] R.S.C. Ord. 36, r. 5 (1).
[15] R.S.C. Ord. 36, r. 5 (4).
[16] R.S.C. Ord. 36, r. 4 (1) (a); Courts Act, 1971, s. 25 (3).
[17] R.S.C. Ord. 36, r. 4 (2).
[18] R.S.C. Ord. 33, r. 2 (d).
[19] s. u. § 24.

‚report' enthaltenen Feststellungen nicht gebunden[20], vielmehr steht es in seinem Ermessen, wie er den report verwendet[21]. Er kann den Bericht ganz oder teilweise übernehmen, kann ihn abändern und kann den Circuit Judge zur mündlichen Stellungnahme auffordern. Der Judge kann auch die an ihn verwiesene Angelegenheit ganz oder teilweise an den Circuit Judge zurückgeben oder einen anderen damit beauftragen. Der Judge kann sich auch bei seiner Entscheidung nur auf die vor dem Circuit Judge eingeführten Beweismittel stützen und die Beweiswürdigung selbst vornehmen[22].

Hinsichtlich der Rechtsmittel ist zu differenzieren: soweit der Circuit Judge zur Erstellung eines report tätig geworden ist, hat er selbst keine Entscheidung getroffen. Hier ist also nur ein Rechtsmittel gegen die Entscheidung des Judge möglich. Soweit an den Circuit Judge zur Durchführung einer Hauptverhandlung verwiesen wurde, gibt es gegen Entscheidungen in Rechtsfragen und bei Verurteilung wegen Contempt of court ein formelles Rechtsmittel (appeal) zum Court of Appeal[23]. Gegen Entscheidungen in Tatfragen gibt es, entsprechend der Regelung bei der Ziviljury, grundsätzlich kein Rechtsmittel. Eine Ausnahme bilden nur Klagen, die Betrug oder Verletzung von Berufspflichten betreffen[24].

§ 16. Die Deputy Judges und die Recorders

Hauptquelle:
Courts Act, 1971.

I. Dem Lord Chancellor ist die Möglichkeit eingeräumt, als Richterstellvertreter *Deputy Judges* zu ernennen[1]. Die Ernennung als Deputy High Court Judge oder Deputy Circuit Judge kann sowohl auf Zeit erfolgen wie auch für einen Einzelfall. Der Deputy Judge hat während seiner Amtszeit oder der Durchführung seiner Aufgaben jeweils die gleichen Befugnisse wie ein Circuit Judge bzw. High Court Judge[2], allerdings mit einigen Ausnahmen[3]. Gegen seine Entscheidungen gibt es die gleichen Rechtsmittel wie gegen die der Circuit Judges bzw. High Court Judges. Zum Deputy Circuit Judge kann ernannt werden, wer mindestens 10 Jahre als Solicitor praktiziert hat[4].

---

[20] R.S.C. Ord. 36, r. 3 (3).
[21] Wenlock (Baroness) v. River Dee Co., (1887) 19 Q.B.D. 155.
[22] R.S.C. Ord. 36, r. 3 (3) (a - e).
[23] R.S.C. Ord. 58, r. 5; Administration of Justice Act, 1960, s. 13.
[24] R.S.C. Ord. 58, r. 5 (1) (b).
[1] Courts Act, 1971, s. 24 (1).
[2] Courts Act, 1971, s. 24 (3) (4).
[3] Courts Act, 1971, s. 24 (4).
[4] Administration of Justice Act, 1973, s. 15.

II. Auf Vorschlag des Lord Chancellor werden von der Krone am Crown Court *Recorders* als Richter auf Zeit (part-time judges) ernannt[5]. Sie müssen Barrister oder Solicitor mit mindestens 10jähriger Erfahrung als Anwalt gewesen sein[6]. Die Recorders leisten wie die anderen Judges den Richtereid (oath of allegiance und judicial oath). Es gibt für sie ein Absetzungsverfahren wegen Amtsunfähigkeit (incapacity) und Amtspflichtverletzung (misbehavior), für das der Lord Chancellor zuständig ist.

Kapitel II

Das untere Richterpersonal

Literatur:

Bunge, Das untere Richterpersonal und die Richtergehilfen am englischen High Court of Justice, 1973.

§ 17. Das untere Richterpersonal der Queen's Bench Division: Die Masters (mit District Registrars)

Literatur:

Diamond, Queen's Bench Masters, 1960.
Koellreutter, Richter und Master, 1908.
Vollkommer, Der Master im englischen Verfahrensrecht, 1964.

I. Die acht[1] *Masters* der Queen's Bench Division führen den Titel Master of the Supreme Court (Queen's Bench Division)[2]. Sie sind sog. Officers of the Court, also Gerichtsbeamte und keine Richter im staatsrechtlichen Sinn. Sie werden vom Lord Chancellor ernannt[3]. Qualifiziert für dieses Amt sind Barristers, die mindestens zehn Jahre als Anwalt praktiziert haben[4]. Ihre Stellvertreter sind die Assistant Masters of the Supreme Court.

Die Masters haben ihr Amt *during good behavior*, also wie die Judges auf Lebenszeit[5]. Das Gesetz sieht ein Absetzungsverfahren vor, für das der Lord Chancellor zuständig ist[6], und zwar kann ein Master wegen ‚misbehavior', also Amtspflichtverletzung, und wegen Amtsunfähigkeit (inability to perform the duties of the office) entlassen werden. Der

---

[5] Courts Act, 1971, s. 21.
[6] Courts Act, 1971, s. 21 (2).
[1] Vgl. *Halsbury,* Laws, 3rd ed., Vol. 9 p. 425 (No. 979).
[2] R.S.C. Ord. 1, r. 4 (1).
[3] Courts Act, 1971, s. 26 (1) (a).
[4] Supreme Court Act, 1925, s. 126 (1), sch. IV.
[5] Supreme Court Act, 1925, s. 115 (1), s. 127 (1), sch. III. Pt. I.
[6] Supreme Court Act, s. 115 (1).

§ 17. Unteres Richterpersonal der Queen's Bench

rechtliche Schutz der persönlichen Unabhängigkeit der Masters ist also schwächer als bei den Judges[7] ausgestaltet. Die Masters sind hinsichtlich Gehalt und Pensionsberechtigung den Staatsbeamten (civil servants of the State) gleichgestellt[8]. Eine Beförderung zum Judge kommt nicht vor. Ranghöchster Master ist der Senior Master[9], der einen besonderen Aufgabenbereich hat.

II. Die Masters haben drei selbständige Aufgabenbereiche: sie leiten das Central Office[10], die Gesamtgeschäftsstelle des Supreme Court, sie sind untere Richter in Zivilsachen und sie sind das Vollstreckungsgericht ihrer Division.

1. Als untere Richter in Zivilsachen leiten die Masters das Vorverfahren (pre-trial proceedings), können aber aufgrund Parteivereinbarung auch Hauptverhandlungen durchführen. Das Vorverfahren ist das nur parteiöffentliche Verfahren ‚in chambers', das mit der Klageerhebung beginnt und, sofern es zu einer (grundsätzlich streitigen) Hauptverhandlung kommt, mit deren Anordnung endet. Der Ausdruck ‚in chambers' wird einerseits für einen Verfahrensabschnitt, andererseits aber auch für eine Verfahrensart (selbst im gleichen Verfahrensabschnitt) verwandt, z. B. wenn der Judge zwischen ‚in chambers' und ‚in court' wählen kann (Verfahrensart)[11], oder wenn das Verfahren vom Master in chambers zum Master in court (Verfahrensabschnitt) fortschreitet. Das Chambers-Verfahren ist nicht zu verwechseln mit einem ‚trial in camera' oder ‚trial in private', also einer nichtöffentlichen Hauptverhandlung[12].

Während ein Master das Vorverfahren leitet, ist Richter der Hauptverhandlung regelmäßig ein Judge. Bestimmte Angelegenheiten des Vorverfahrens sind aber den Judges vorbehalten[13], während andererseits die Parteien die Zuständigkeit eines Masters zur Durchführung der Hauptverhandlung (trial) prorogieren können[14], der dann im Master's Secretary's Department nach dem Rotationssystem bestimmt wird.

---

[7] Vgl. Supreme Court Act, 1925, s. 12 (1).
[8] Supreme Court Act, 1925, s. 118. Zur Höhe der Gehälter vgl. *Whitaker*, Almanack, ann. vol. ‚Law Courts and Officers'.
[9] Supreme Court Act, 1925, s. 122; Courts Act, 1971, s. 26 (3).
[10] Zum Central Office s. o. § 10.
[11] Vgl. Atwell v. Ministry of Public Building and Works, (1969) 1. W.L.R. 361, p. 1075: 'The appeal was heard in chambers and judgment was delivered in open court.'
[12] Zur Öffentlichkeit s. u. § 36 I.
[13] Der Judge führt dann als Gerichtsorgan die Bezeichnung ‚judge in chambers'. Er kann innerhalb des Vorverfahrens auch eine öffentliche Verhandlung (hearing in court) anordnen, vgl. R.S.C. Ord. 32, r. 13.
[14] R.S.C. Ord. 36, rr. 9 (1), 1.

Ausdrücklich den Judges[15] vorbehalten sind alle Angelegenheiten, die die persönliche Freiheit einer Person betreffen, also z. B. Schuldnerarreste[16] und alle Strafverfahren[17]. Außerdem dürfen die Masters keine auf Unterlassung gerichteten richterlichen Verbote, sog. injunctions, erlassen[18]; dies gilt jedoch nicht, wenn die Parteien die Zuständigkeit eines Masters vereinbaren[19, 20] und bei Zwangsvollstreckungsverfahren (enforcement of judgments and orders) in Grundstücke und Forderungen[21]. Außerdem darf der Master im Zusammenhang mit der Ernennung eines gerichtlich bestellten Verwalters (receiver) bestimmte injunctions erlassen[22].

Den Judges sind auch alle Verfahren vorbehalten, für die ein Divisional Court des High Court zuständig ist[23], also insbesondere mandamus-, prohibition- und certiorari-Verfahren[24]. Divisional Courts sind innerhalb des High Court gebildete Kollegialgerichte, die mit zwei oder mehr, in der Regel mit drei Judges besetzt sind[25] und die eine Rechtsmittelinstanz insbesondere gegen Entscheidungen der Magistrates' Courts und in verwaltungsrechtlichen Prozessen bilden[26].

Schließlich kann auf Antrag des Attorney-General (Kronanwalt)[27] der High Court wegen böswilliger oder mutwilliger Klagen einem Querulanten das Prozessieren ganz untersagen. Will der Betreffende erneut Klage erheben, muß er einen besonderen Antrag an das Gericht stellen, über den ebenfalls nur ein Judge entscheiden kann[28].

Der Master muß im Zusammenhang mit Rechtsstreitigkeiten, bei denen eine Partei prozeßunfähig ist, gewisse Überwachungsfunktionen

---

[15] R.S.C. Ord. 32, r. 11 (1).
[16] R.S.C. Ord. 32, r. 11 (1) (b); Ord. 52, r. 1 (3).
[17] R.S.C. Ord. 32, r. 11 (1) (a); Ord. 79, r. 10 (2).
[18] R.S.C. Ord. 32, r. 11 (1) (d). Vgl. auch Lumley v. Wagner, (1852) 1 De G.M. & G. 604.
[19, 20] R.S.C. Ord. 32, r. 11 (2).
[21] R.S.C. Ord. 50, r. 9; rr. 1, 2, 8; Administration of Justice Act, 1956, s. 35.
[22] R.S.C. Ord. 51, r. 2.
[23] R.S.C. Ord. 32, r. 11 (1) (h); Ord. 53.
[24] Auf diese besonderen Rechtsmittelverfahren bzw. Rechtsaufsichtsverfahren kann hier nicht eingegangen werden. Vgl. *Jackson*, Machinery of Justice, 5th ed. p. 428 et seq.
[25] Vgl. *Halsbury*, Laws, 3rd ed. Vol. 9, p. 403; Willcock v. Muckle, (1951) 2 K.B. 844 (D.C.); (1951) 2 All. E.R. 367 (D.C.), bei dem 7 Judges, darunter der Lord Chief Justice und der Master of the Rolls, entschieden haben.
[26] R.S.C. Ord. 56, r. 5 (1) Magistrates' Courts); Ord. 56, r. 7 (1) (administrative tribunals).
[27] Vgl. *Halsbury*, Laws, 3rd ed. Vol. 7, pp. 380 et seq.
[28] Supreme Court Act, 1925, s. 51; R.S.C. Ord. 32, r. 11 (1) (g).

§ 17. Unteres Richterpersonal der Queen's Bench

übernehmen, denn in diesen Prozessen bedürfen alle Vergleiche und Anerkenntnisse der gerichtlichen Genehmigung[29].

Außerdem führt bei Klagen auf Schadensersatz regelmäßig, nachdem ein Grundurteil über das Bestehen der Pflicht zum Schadensersatz ergangen ist, der Master das Festsetzungsverfahren hinsichtlich der Höhe des Schadensersatzes durch[30]. Das Grundurteil kann aber auch die Zuständigkeit eines Judge oder eines Official oder Special Referee für das Festsetzungsverfahren vorsehen[31]. Ausdrücklich festgelegt ist auch die Zuständigkeit des Master zur Überprüfung von Anwaltsvollmachten[32].

Der Master als Richter des Vorverfahrens kann, wenn er es wegen der besonderen Bedeutung des Falles für erforderlich hält, die Sache an einen Judge verweisen[33], der dann selbst entscheidet oder mit Weisungen zurückverweist. Ein bei einem Master anhängiges Verfahren kann von ihm selbst[34] oder vom Senior Master[35] an einen anderen, an sich nicht zuständigen Master nach freiem Ermessen verwiesen werden; auch ist jeder Master für jeden anderen vertretungsberechtigt, darf also im Bedarfsfall dessen jurisdiction ausüben[36].

Der Master leitet als Richter des Vorverfahrens den formellen Schriftsatzwechsel (pleadings), der in jedem Stadium des Verfahrens eine genaue Schlüssigkeits- und Erheblichkeitsprüfung erlaubt. Alle nichtstreitigen Verfahren werden durch den Master beendet; außerdem erläßt er die Entscheidungen aufgrund Versäumnis der Parteien[37].

Sobald der Prozeß entscheidungsreif und die Anberaumung einer Hauptverhandlung erforderlich ist, bestimmt der Master Ort und Besetzung (mode)[38] und entscheidet über die Einberufung oder Nichteinberufung einer Jury. Diese Entscheidung ergeht durch einen formellen Beschluß, der der Vorverhandlung als dem prozeßgestaltenden Haupttermin des Vorverfahrens folgt (hearing for the summons for directions) und der durch ein formelles Rechtsmittel (appeal) zum judge in chambers[39] anfechtbar ist. Dessen Ermessen ersetzt gegebenenfalls das

---

[29] R.S.C. Ord. 80, r. 10.
[30] R.S.C. Ord. 37, r. 1 (1).
[31] R.S.C. Ord. 37, r. 4; s. u. §§ 15, 23.
[32] R.S.C. Ord. 63, r. 7 (c); Ord. 63, r. 6 (1).
[33] R.S.C. Ord. 32, r. 12.
[34] R.S.C. Ord. 4, r. 9 (1).
[35] R.S.C. Ord. 4, r. 7.
[36] R.S.C. Ord. 4, r. 9, (1).
[37] R.S.C. Ord. 13, 19.
[38] R.S.C. Ord. 33, r. 1 (‚The Court', also regelmäßig der Master, Ord. 1, r. 4 [2]).
[39] R.S.C. Ord. 58, r. 1 (1).

des Master[40]. Für die eigentliche Vorbereitung der Hauptverhandlung in ihrem technischen Ablauf ist ein anderer Gerichtsbeamter zuständig; dem Vorverfahren folgt ein Zwischenstadium, das der Vorbereitung und Anberaumung der Hauptverhandlung dient[41].

2. Führt ein Master mit Zustimmung der Parteien die Hauptverhandlung durch, so gelten für ihn die gleichen Verfahrensvorschriften wie für den Judge[42]. Er kann jedoch keine Beisitzer (assessors) zuziehen und nicht mit einer Jury verhandeln[43]. Ist eine Hauptverhandlung mit sachverständigen, nicht stimmberechtigten Assessors angezeigt, so muß sie von einem Judge durchgeführt werden. Das gleiche gilt, wenn eine der Parteien ein Recht auf Hinzuziehung einer civil jury hat, denn ein Geschworenen-Gericht wird immer von einem Judge geleitet[44].

3. Als Vollstreckungsgericht erläßt der Master insbesondere Entscheidungen im Interpleader- und im Garnishee-Verfahren. Das Interpleader-Verfahren regelt die Beteiligung Dritter am Prozeß, und zwar werden unter dieser Bezeichnung die folgenden zwei Fälle zusammengefaßt:

a) Jemand schuldet Geld oder die Herausgabe von Sachen und wird von zwei oder mehr Personen verklagt, die denselben Anspruch zu haben behaupten[45];

b) ein Vollstreckungsbeamter hat Sachen als Objekte der Pfändung an sich genommen oder will sie an sich nehmen; ein Dritter beansprucht sie jedoch für sich[46].

Das Garnishee-Verfahren betrifft die Zwangsvollstreckung wegen Geldforderungen in Forderungen[47].

Entscheidungen des Master als Vollstreckungsgericht sind grundsätzlich nur beim Court of Appeal anfechtbar[48].

4. Gegen Entscheidungen des Master gibt es formelle Rechtsmittel (appeal) zum judge in chambers des High Court oder zum Court of Appeal[49]. Grundsätzlich ist judex ad quem der Judge in Chambers[50].

---

[40] Vgl. Christen v. Goodacre, (1949) W.N. 234; Hope v. G.W.R., (1937) 53 T.L.R. 399 zur Überprüfung der Ermessensentscheidung des Master, ob eine Jury zuzuziehen ist.
[41] s. u. § 46.
[42] R.S.C. Ord. 36, r. 9 (1), (3); r. 4 (1) (b).
[43] R.S.C. Ord. 36, r. 9 (1); zu den Assessors s. u. § 29.
[44] R.S.C. Ord. 33, r. 2.
[45] R.S.C. Ord. 17, r. 1 (1) (a).
[46] R.S.C. Ord. 17, r. 1 (1) (b).
[47] R.S.C. Ord. 49, r. 1 (1).
[48] R.S.C. Ord. 58, r. 2 (1) (c).
[49] R.S.C. Ord. 58, r. 1 (1), 2.
[50] R.S.C. Ord. 58, r. 1 (1).

§ 17. Unteres Richterpersonal der Queen's Bench   47

Das Gesetz stellt aber die Entscheidung eines Master der eines Judge gleich und gewährt ein Rechtsmittel unmittelbar zum Court of Appeal, wenn der Master die Hauptverhandlung (trial) selbst durchgeführt hat. Hieraus wird ersichtlich, daß der Master in diesem Fall eine selbständige Instanz darstellt. Außerdem führt das Rechtsmittel unmittelbar zum Court of Appeal, wenn die Sache vom Judge an den Master verwiesen worden ist, gegen seine Entscheidungen in Schadensersatz-Festsetzungsverfahren und in bestimmten güterrechtlichen Angelegenheiten. Das gleiche gilt für Versäumnisurteile in Verfahren, die auf Abzahlungskäufen (hire-purchase or conditional sale agreements) beruhen. Die Rules of the Supreme Court sehen ein besonderes Verfahren bei Abzahlungskäufen vor[51]. Ergeht in diesem Verfahren ein Versäumnisurteil wegen Einlassungsversäumnis (default of appearance) oder Klageerwiderungsversäumnis (default of defence), was nur mit besonderer Erlaubnis eines Master geschehen kann[52], so ist diese Entscheidung nur beim Court of Appeal anfechtbar.

III. Die *District Registrars des High Court* sind wie die Masters Gerichtsbeamte (officers) des Supreme Court[53] und werden vom Lord Chancellor ernannt[54]. Die Befähigung zu diesem Amt hat ein Solicitor mit wenigstens siebenjähriger Praxis als Anwalt oder ein County Court Registrar[55].

Gewöhnlich sind beide Unterrichter-Funktionen in Personalunion verbunden. Da auch die County Court Registrars die Ausbildung eines Solicitor haben[56, 57], ist dieses Amt den Anwälten niederer Ordnung vorbehalten. Wenn der Amtsbezirk einer District Registry besonders groß ist, kann der Lord Chancellor diese mit zwei Registrars (joint registrars) besetzen und Richtlinien für die Geschäftsverteilung erlassen.

Zusätzlich ernennt der Lord Chancellor Assistant District Registrars, die Solicitors mit sieben Jahren Zulassung sein müssen[58]. Sie können alle Funktionen der District Registrars ausüben und haben dann deren sachliche Zuständigkeit[59]. Sie sind ebenfalls Gerichtsbeamte des Supreme Court. Als vorübergehende Maßnahme können auch Deputy District Registrars ernannt werden[60].

---

[51] R.S.C. Ord. 84, rr. 1 - 3.
[52] R.S.C. Ord. 84, r. 3 (1); Ord. 58, r. 2 (1).
[53] Supreme Court Act, 1925, s. 84 (7).
[54] Supreme Court Act, 1925, s. 84 (5).
[55] Supreme Court Act, 1925, s. 84 (2).
[56, 57] County Court Act, 1959, s. 21 (1).
[58] Administration of Justice Act, 1956, s. 12 (1) - (3).
[59] Administration of Justice Act, 1956, s. 12 (4).
[60] Administration of Justice Act, 1973, s. 16.

Der District Registrar ist Vorstand der District Registry als örtlicher Zweigstelle des High Court für Zivilverfahren. Seine Stellung entspricht der eines Queen's Bench Masters[61], er ist also der lokale untere Richter und das lokale Vollstreckungsgericht. Er ist Richter des Vorverfahrens nicht nur für die Queen's Bench Division, sondern für alle drei Hauptabteilungen des High Court[62] mit Ausnahme der Probate-Angelegenheiten, für die eigene mit District Probate Registrars besetzte Registries eingerichtet wurden[63].

§ 18. Das untere Richterpersonal der Chancery Division: Die Masters

Literatur:
Ball, Chancery Master, 1961.

Die sieben *Chancery Masters* (einschließlich des Chief Chancery Master) werden vom Lord Chancellor ernannt[1]. Qualifiziert für dieses Amt ist ein Jurist, der mindestens zehn Jahre als Solicitor praktiziert oder als zehn Jahre zugelassener Solicitor das Amt eines Taxing Master, Official Solicitor, Chancery Registrar oder District Registrar bekleidet hat[2].

Auch die Masters der Chancery Division haben ihr Amt ‚during good behavior'[3], sind also wie alle unteren Richter persönlich unabhängig. Sie haben jedoch keine durch Gesetz verliehene selbständige „jurisdiction"[4] wie die Queen's Bench Masters, also sachliche Unabhängigkeit, sondern üben als Stellvertreter der Judges[5] deren Jurisdiktion aus. Hinsichtlich Gehalt und Pension entspricht ihre Stellung der der Queen's Bench Masters.

II. Die Chancery Masters haben die Befugnisse (powers) des judge in chambers[6], jedoch im Unterschied zu den Queen's Bench Masters mit

---

[61] R.S.C. Ord. 32, r. 23. Sie werden aus diesem Grund im Zusammenhang mit den Queen's Bench Masters erörtert, obwohl sie nicht nur zu dieser Division gehören.

[62] R.S.C. Ord. 32, r. 23.

[63] Vgl. *Halsbury*, Laws, Vol. 9, pp. 423 et seq., 429 et seq., 435, 472.

[1] Courts Act, 1971, s. 26 (1).

[2] Supreme Court Act, 1925, sch. IV. No. 6; Administration of Justice Act, 1965, s. 24 (1) (a).

[3] Supreme Court Act, 1925, s. 115 (1), s. 127 (1), sch. III Pt. I; es besteht das gleiche Absetzungsverfahren wie bei den Queen's Bench Masters.

[4] Vgl. *Halsbury*, Laws, 3rd ed. Vol. 9 p. 426; siehe aber R.S.C. Ord. 32, r. 14 (1).

[5] Vgl. *Halsbury*, op. cit., p. 426 (No. 980); ihre Befugnisse werden als ‚powers' bezeichnet, vgl. Practice Direction (1970) 1 W.L.R. 762; (1970) 1 All E.R. 1183.

[6] R.S.C. Ord. 32, r. 14 (1).

der Einschränkung, daß die Judges durch Richtlinien oder Weisungen im Einzelfall (general oder special directions) die Grenzen der Zuständigkeit der Masters nach ihrem Ermessen regeln, sich also bestimmte Angelegenheiten vorbehalten. Außerdem können die Parteien in jedem Stadium des Vorverfahrens die Entscheidung eines Oberrichters durch bloßen Antrag auf Vertagung zum Judge (adjournment) erreichen.

Die Judges der Chancery Division haben von der allgemeinen Weisungsbefugnis keinen Gebrauch gemacht, d. h. ihre Zuständigkeit von der der Masters nicht durch zusätzliche ausdrückliche directions abgegrenzt. Die Geschäftsverteilung folgt vielmehr dem Gewohnheitsrecht[7]. Danach sind die Masters u. a. zuständig für Zustellungen außerhalb der Gerichtsbarkeit des High Court (out of the jurisdiction) in klaren Fällen, zur Ernennung von Treuhändern (trustees, Kuratoren von trusts) mit gewissen Ausnahmen, u. a. wenn das Treugut den Wert von £ 2.000 wesentlich übersteigt[8], und für die Verwaltung des Treugutes oder der Auflösung der Treuhand (execution of the trust) bei Klagen eine Treugebers (beneficiary). Außerdem sind sie für bestimmte grundstücksrechtliche Angelegenheiten, zur Feststellung der gesetzlichen Erben (next of kin) eines ohne Testament verstorbenen Erblassers und zur Sanktionierung von Vergleichen in bestimmten Fällen zuständig[9].

Bei bestimmten, auf Vertragserfüllung gerichteten Klagen (actions for specific performance), bei denen das summarische Verfahren (summary judgment) zulässig ist[10], darf ein Master nur unter den folgenden Voraussetzungen tätig werden: es liegt eine Vertragsurkunde vor, und der Beklagte versäumt die formelle Einlassung oder den Termin (hearing) oder seine Verteidigung ist offensichtlich unerheblich. Neben dieser Zuständigkeitsregelung kraft Gewohnheitsrechts treffen die Rules of the Supreme Court noch eine Ausnahmeregelung für die Chancery Masters: soweit die Klageerhebung durch ‚originating summons'[11] erfolgt, also insbesondere im Urkundenprozeß, und sich dabei eine streitige Rechtsfrage oder eine Frage hinsichtlich der Auslegung einer Urkunde ergibt, soll der Master grundsätzlich nicht zuständig sein[12].

---

[7] Vgl. Memorandum 1965 und Memorandum 1960; jetzt gilt: Practice Direction (Chancery: Powers of Masters), 30th Jan. 1970, 1 W.L.R. 762 (im Text als Memorandum bezeichnet und nach der Form der Veröffentlichung wohl keine Practice Direction der Judges).

[8] Vgl. Practice Direction 1970, No. 3 b; die Befugnisse der Masters sind seit 1960 erweitert worden; vgl. Memorandum 1960 No. 1 - 2 a, b, I - VI.

[9] Vgl. Practice Direction 1970, No. 3.

[10] R.S.C. Ord. 86, r. 1. s. u. § 49.

[11] R.S.C. Ord. 5, rr. 3, 4 (2).

Soweit der Master sachlich zuständig ist, hat er die gleichen Befugnisse wie ein Queen's Bench Master. Er darf insbesondere das persönliche Erscheinen der Parteien anordnen, Zeugen auf Antrag der Parteien laden und die Vorlegung von Urkunden und das persönliche Erscheinen von Verfahrensbeteiligten anordnen, die einer Ladung (summons) nicht gefolgt sind[13].

Auf Weisung (direction) eines Judge muß der Master auch für ihn Zeugen und Parteien vernehmen[14]. Die Masters müssen in jedem einzelnen Fall prüfen, ob die Entscheidung wegen der besonderen Bedeutung der Sache einem Judge überlassen bleiben sollte[15]. Der Master kann auch eine Hauptverhandlung durchführen, wenn die Parteien zustimmen[16].

Gegen alle Entscheidungen des Master gibt es eine Erinnerung (adjournment, Vertagung) zum ‚judge in person'[17]. Dies stellt einen besonderen Rechtsbehelf vom Richterstellvertreter zum Judge dar, woraufhin das Verfahren ohne erneute formelle Ladungen unmittelbar vom Judge fortgesetzt wird; es bleibt in derselben Instanz. Hat der Master eine Hauptverhandlung (trial) durchgeführt, ist seine Entscheidung der des Judge gleichgestellt, und das formelle Rechtsmittel (appeal) dagegen führt dann zum Court of Appeal[18].

Die Masters der Chancery Division sind also gerichtsverfassungsrechtlich Richterstellvertreter und in ihrer prozessualen Funktion Vorverfahrensrichter bzw. Richtergehilfen.

§ 19. Das untere Richterpersonal der Family Division: Die Registrars und District Probate Registrars

I. Es gibt in der *Principal Registry* der *Family Division* (Divorce Registry) in London einen Senior Registrar und sieben Registrars, die vom Lord Chancellor ernannt werden[1]. Die Befähigung zu diesem Amt hat, wer als Barrister oder Solicitor zehnjährige Praxis aufweist, wer fünf Jahre das Amt eines District Probate Registrar innehatte oder zehn Jahre clerk (Justizbeamter) in einer Probate Registry war[2]. Sie haben

---

[12] R.S.C. Ord. 32, r. 14 (2).
[13] R.S.C. Ord. 32, r. 15 (1), (3).
[14] R.S.C. Ord. 32, r. 15 (4).
[15] Vgl. Memorandum 1955, No. 3.
[16] R.S.C. Ord. 36, rr. 9 (1), 1.
[17] R.S.C. Ord. 32, r. 14 (1).
[18] R.S.C. Ord. 58, r. 3; Ord. 36, r. 9.
[1] Courts Act, 1971, s. 26 (1).
[2] Supreme Court Act, 1925, s. 126 (3).

ihr Amt „during good behavior"[3], sind also persönlich unabhängig. Es gibt für sie dasselbe Absetzungsverfahren wie für die Queen's Bench Masters und das übrige untere Richterpersonal[4]. Ranghöchster Registrar mit einem besonderen Aufgabenbereich ist der Senior Registrar.

Die Principal Registry (Divorce Registry) ist neben ihrer Funktion als Zentralgericht gleichzeitig als Lokalgericht für London einem Divorce County Court gleichgestellt[5].

Die Hauptverhandlung in unverteidigten Ehesachen wird von einem Circuit Judge[6], in verteidigten Ehesachen von einem High Court Judge durchgeführt. Die Registrars sind wie die Masters und District Registrars grundsätzlich die Vorverfahrensrichter und haben daher die gleichen Befugnisse wie ein „judge in chambers"[7]. In bestimmten Angelegenheiten ist die Zuständigkeit des Judge gesetzlich vorgeschrieben bzw. können die Parteien die Verweisung an einen Judge verlangen[8]. In Adoptionssachen ist grundsätzlich der Registrar zuständig[9]. Ausdrücklich den Registrars zugewiesen sind bestimmte güterrechtliche Streitigkeiten[9a], insbesondere die Verteilung des Hausrats der Ehewohnung nach Auflösung der Ehe, da sie häufig langwierige Punktesachen darstellen, mit denen man die Judges nicht belasten will. Dem Practice Master der Queen's Bench Division entspricht der „registrar for the day".

Gegen Entscheidungen des Registrar gibt es ein Rechtsmittel (appeal) zum „judge in chambers"[10], gegen seine Entscheidungen als Vollstreckungsgericht auch unmittelbar zum Court of Appeal[11].

II. Für die nichtstreitigen Probate-Verfahren als besonderen Testamentssachen[12] sind in London die Family Division, und zwar ihre Principal Registry, und außerhalb Londons lokale *District Probate Registries* (mit Sub-Registries) zuständig. Diese Zuständigkeitsverteilung entspricht der zwischen Master und District Registrar für die allgemeinen Verfahren.

---

[3] Supreme Court Act, 1925, s. 115 (1), s. 127 (1), sch. III Pt. I.
[4] Supreme Court Act, 1925, s. 115 (1).
[5] Matrimonial Causes Act, 1967, s. 4 (2), (3).
[6] Ibid., s. 4; Matrimonial Causes Rules 1971, r. 4.
[7] R.S.C. Ord. 32, r. 11 (1); Ord. 90, r. 12 (1).
[8] Married Women's Property Act, 1882, s. 17; Matrimonial Proceedings and Property Act, 1970.
[9] Adoption (High Court) Rules 1971, r. 2 (3).
[9a] R.S.C. Ord. 89, r. 1 (2).
[10] R.S.C. Ord. 58, r. 1 (1).
[11] R.S.C. Ord. 58, r. 2 (2).
[12] s. u. § 65.

Zum District Probate Registrar kann ernannt werden, wer Principal Registrar, Solicitor oder Barrister mit mindestens fünfjähriger Praxis oder wer clerk in der Principal oder einer District Probate Registry war[13]. Die District Probate Registrars sind Beamte des Supreme Court[14] (ernannt vom Lord Chancellor[15]), es handelt sich also bei ihren Büros wie bei den District Registries um Zweigstellen des Zentralgerichts.

III. Die Registrars der Family Division sind Vorverfahrensrichter[16]; eine Hauptverhandlung können sie nur in bestimmten Fällen, in denen die Principal Registry einem County Court gleichgestellt ist, durchführen. Sie leiten die Principal Registry als Geschäftsstelle der Family Division, die aus den zwei Abteilungen Personal Application Departement und Probate Departement sowie der Divorce Registry besteht. Die District Probate Registrars als lokale Nachlaßrichter haben grundsätzlich dieselben Befugnisse wie ein Principal Probate Registrar[17]. Es besteht jedoch die Einschränkung, daß in streitigen Fällen und Zweifelsfällen der Distirct Probate Registrar Weisungen der Principal Registry einholen muß[18]. Für die nichtstreitigen Probate-Sachen besteht eine besondere Verfahrensordnung[19].

IV. Gegen Entscheidungen des District Probate Registrar und der Registrars der Principal Registry in nichtstreitigen Testamentssachen (probate) führt das Rechtsmittel (appeal) zum ‚judge in chambers'[20]. Das gleiche gilt im Grundsatz für alle Entscheidungen der Registrars in streitigen Testamentssachen und in Familiensachen[21]. Bei Entscheidungen in bestimmten Familiensachen und als Vollstreckungsgericht führt das Rechtsmittel unmittelbar zum Court of Appeal[22].

§ 20. Der Admiralty Registrar der Queen's Bench Division als Unterrichter in Seesachen

Die Admiralty Registry des Admiralty Court[1] (Seegericht) als Abteilung der Queen's Bench Division ist mit einem Admiralty Registrar und einem Assistant Registrar besetzt, die vom Lord Chancellor ernannt

---

[13] Supreme Court Act, 1925, s. 126 (3) (b).
[14] Supreme Court Act, 1925, s. 128 A (1).
[15] Courts Act, 1971, s. 26 (1).
[16] R.S.C. Ord. 32, r. 11 (1).
[17] R.S.C. Ord. 32, r. 23.
[18] Supreme Court Act, 1925, s. 151 (3).
[19] Non-Contentious Probate Rules 1954; s. u. § 64.
[20] R.S.C. Ord. 32, r. 23; N.-C. Probate Rules 1954, r. 62.
[21] R.S.C. Ord. 58, r. 1 (1).
[22] R.S.C. Ord. 58, r. 2 (2).
[1] Administration of Justice Act, 1970, s. 2 (1).

werden². Die Befähigung zu diesen Ämtern haben Barristers oder Solicitors mit mindestens zehnjähriger praktischer Erfahrung als Anwalt³. Der Admiralty Registrar leitet die Admiralty Registry und erläßt die erforderlichen Verfahrensrichtlinien⁴.

Der Admiralty Registrar hat — mit den gleichen Einschränkungen wie beim Queen's Bench Master — die Befugnisse eines ‚judge in chambers'⁵, er ist also der Vorverfahrensrichter in Seesachen. Seesachen sind insbesondere Klagen aus Schiffsbergungen, Lohnansprüche der Seeleute, Schaden an der Ladung und Ähnliches, nicht aber das Seetransportwesen, das in die Handelsgerichtsbarkeit der Queen's Bench (Commercial Court; ein Einzelrichter der Queen's Bench) fällt. Den Judges sind bestimmte Aufgaben als Chambers-Richter vorbehalten, insbesondere wird die mündliche Vorverhandlung (hearing of the summons for directions) in Admiralty-Sachen grundsätzlich von einem Judge durchgeführt, es sei denn, dieser ordnet etwas anderes an⁶.

Außerdem können bestimmte Angelegenheiten ausdrücklich an den Admiralty Registrar verwiesen (referred) werden. Diese Verweisung erfolgt insbesondere, um in Schadensersatzprozessen die Höhe des Schadensersatzes festzusetzen⁷. Das Grundurteil über die Pflicht zum Schadensersatz wird dabei regelmäßig vom ‚judge in court' erlassen⁸. Aufgrund der Verweisung (reference) findet eine mündliche Verhandlung (hearing) statt, die aus verschiedenen Terminen bestehen⁹ und für die der Registrar zu seiner Unterstützung Beisitzer (Assessors)¹⁰ zuziehen kann, die ihn in Fragen der Navigation beraten. In der Praxis zieht der Admiralty Registrar vereinzelt auch Kaufleute hinzu, die bei der Schadensfestsetzung insbesondere hinsichtlich beschädigter Fracht beratend tätig werden¹¹. Nach Schluß des letzten Termins der Verhandlung (hearing)¹² setzt der Registrar eine schriftliche Entscheidung ab, gegen die ein besonderes Rechtsmittel, das motion in objection, zum Judge

---

² Courts Act, 1971, s. 26 (1) (d).
³ Supreme Court Act, 1925, s. 126 (4).
⁴ Admiralty Practice Direction, (1973) 3 All E.R. 446.
⁵ R.S.C. Ord. 32, r. 11 (1). Der Assistant Registrar hat die gleichen Befugnisse wie der Registrar, vgl. Ord. 75, r. 47.
⁶ R.S.C. Ord. 25; 75, r. 25 (1) (c).
⁷ R.S.C. Ord. 75, r. 41.
⁸ Bird v. Gibb, The de Bay, (1883) 8 App. Cas. 559; The City of Chester, (1884) 9 P.D. 182, 190 (C.A.); The Gertrude, The Baron Aberdare, (1888) 13 P.D. 105 (C.A.).
⁹ R.S.C. Ord. 75, r. 42 (1).
¹⁰ Vgl. The Eastern City, (1959) Fo. 26; s. u. § 29.
¹¹ Vgl. *Mac Guffie/Hewson*, Law of Collisions at Sea, pp. 302 et seq.
¹² R.S.C. Ord. 75, r. 42 (4).

gegeben ist[13]. Dem formellen Bericht über seine Entscheidung (report) kann er in besonders schwierigen Fällen eine informelle Entscheidungsbegründung beifügen[14].

Ausdrücklich durch Gesetz[15] ist außerdem die ausschließliche Zuständigkeit des Admiralty Registrar in einem besonderen Entschädigungsverfahren vorgesehen: Seeleute der Handelsmarine auf britischen Schiffen dürfen ohne Einhaltung einer Kündigungsfrist das Schiff verlassen, um in die Kriegsmarine einzutreten[16]. Entsteht durch die Einstellung eines Nachfolgers dadurch ein Schaden, daß diesem ein höherer Sold gezahlt werden muß, so kann der Kapitän oder der Schiffseigentümer einen Ersatzanspruch gegen die Krone geltend machen[17]. Grund und Höhe des Anspruchs werden vom Admiralty Registrar durch ‚certificate' festgestellt.

Der Beschluß in einem Verfahren ‚in rem', der die Versteigerung des Schiffes anordnet, muß durch den ‚judge in person'[18] erfolgen; der Registrar ist unzuständig.

Neben dem ‚motion in objection' gibt es gegen Entscheidungen des Registrar im Rahmen des Vorverfahrens ein formelles Rechtsmittel (appeal) zum ‚judge in chambers'[19].

§ 21. Die Registrars in Bankruptcy als Konkursrichter des High Court

Hauptquellen:

Bankruptcy Act, 1914.
Bankrupty Rules 1952.

Literatur:

Cruchley, Bankruptcy, 1964.
Eckstein, Englisches Konkursrecht, 1935.
Frackenpohl, Englisches Konkursverfahren, 1933.
Fridman/Hicks/Johnson, Bankruptcy, 1970.

Die Registrars in Bankruptcy in der Chancery Division des High Court werden vom Lord Chancellor ernannt[1]. Es gibt einen Chief

---

[13] R.S.C. Ord. 75, r. 43.
[14] Er soll seine Entscheidung schriftlich begründen, wenn eine der Parteien Ausländer ist, vgl. The St. Charles, (1927) 138 L.T. 456, 459 (C.A.).
[15] Rules of the Supreme Court (Merchant Shipping) 1894, r. 3 (1). Zum Verfahren vgl. *Halsbury,* Laws, 3 rd ed., Vol. 1, p. 72.
[16] Merchant Shipping Act, 1894, s. 195.
[17] Ibid., s. 197 (6).
[18] R.S.C. Ord. 75, r. 22 (7).
[19] R.S.C. Ord. 58, r. 1 (1).
[1] Courts Act, 1971, s. 26 (1).

Bankruptcy Registrar und zwei Registrars, von denen einer für die Liquidation von Handelsgesellschaften *(winding up of companies)*[2] zuständig ist. Zum Registrar kann ernannt werden, wer 10 Jahre zugelassener Barrister oder Solicitor war[3]. Die Registrars haben ihr Amt wie die Masters ‚during good behavior'[4] inne und können sich gegenseitig vertreten[5].

Die Registrars als Leiter der Bankruptcy Registry sind die eigentlichen Richter des englischen Konkursverfahrens[6]. Im Stadium der Einleitung[7] sind sie für die Verhandlung aufgrund eines Gesuches auf Eröffnung des Konkursverfahrens *(bankruptcy petition)* zuständig. Im Verfahren ist zwischen dem Eröffnungsbeschluß *(receiving order)* und der Bankrotterklärung *(adjudication of bankrupty)* zu unterscheiden. Die Registrars bestellen bei Eröffnung einen amtlichen Sequester *(official receiver)* für das gemeinschuldnerische Vermögen in der ‚receiving order' und erlassen auch den Bankrotterklärungsbeschluß[8]. Mit der Bankrotterklärung geht die Konkursmasse ohne besondere Maßnahmen auf einen Treuhänder (trustee) über, für den bis zur Wahl oder Ernennung der ‚official receiver' fungiert[9].

Während des Konkursverfahrens vernehmen sie den Gemeinschuldner in öffentlicher Sitzung *(public examination of the debtor)*[10] und können in dringenden Fällen Zwischenanordnungen erlassen[11]. Sie sind befugt, alle Personen zu laden und zu vernehmen, von denen man weiß oder die in Verdacht stehen, Vermögensteile des Gemeinschuldners in Besitz zu haben, die Schuldner des Gemeinschuldners sind oder die über seine Vermögensverhältnisse Aussagen machen können[12]. Die Registrars sind zur Anhörung und Entscheidung über alle Anträge befugt, denen von der anderen Partei nicht entgegengetreten wird oder die ‚ex parte' erfolgen, d. h. Anträge unmittelbar an das Gericht ohne Zustellung eines Schriftsatzes an die andere Partei *(by a summons, served on the other party)*[13].

---

[2] s. u. § 67.
[3] Supreme Court Act, 1925, s. 126 (1), sch. IV No. 5.
[4] Supreme Court Act, 1925, s. 115 (1), s. 127 (1), sch. III Pt. I.
[5] Bankruptcy Rules, 1952, r. 122.
[6] Bankruptcy Act, 1914, s. 102.
[7] Vgl. zu den Verfahrensabschnitten *Jaeger/Jahr*, Kommentar zur Konkursordnung § 78 Anm. 15, § 110 Anm. 4.
[8] Bankruptcy Act, 1914, s. 102 (2) (a).
[9] Ibid., s. 7 (1) und 53 (1).
[10] Ibid., s. 102 (2) (b); s. 15 (1).
[11] Ibid., s. 102 (2) (e).
[12] Ibid., s. 102 (2) (h).
[13] Ibid., s. 102 (2) (g).

Schließlich erlassen die Registrars auch nach mündlicher Verhandlung[14] über einen entsprechenden Antrag den Entlastungsbeschluß *(order of discharge)*, durch den die Befreiung des Gemeinschuldners erfolgt[15]. Sie dürfen auch Vergleiche genehmigen. Wegen ‚contempt of court' in Haft nehmen können sie nicht[16].

Der Registrar hat an den Judge zu verweisen, wenn alle Beteiligten es beantragen oder wenn ein solcher Antrag vorliegt und er der Auffassung ist, daß ein Fall von besonderer Wichtigkeit oder Schwierigkeit gegeben ist[17]. Der Judge kann auch allgemeine oder spezielle Weisungen zu jedem Fall erteilen oder das Verfahren ganz an sich ziehen[18]. Diese Regelung entspricht der zwischen Chancery Judge und Chancery Master. Dementsprechend gibt es gegen Entscheidungen des Registrar neben dem ‚adjournment' zum Judge[19] in bestimmten Fällen wie bei den Masters ein Rechtsmittel zum Court of Appeal, soweit die Entscheidungen des Registrar und des Judge gleichgestellt sind[20].

§ 22. Die County Court Registrars

Literatur:
Ruttle, County Court Practice, 1973.

Die County Court Registrars werden vom Lord Chancellor ernannt und müssen als Qualifikation 7 Jahre zugelassener Solicitor gewesen sein[1]. Als vorübergehende Maßnahme können vom Lord Chancellor als Stellvertreter auch Deputy County Court Registrars ernannt werden[2].

Sie haben verschiedene Klassen von Aufgaben: Mit Zustimmung des Circuit Judge (unabhängig davon, ob dieser anwesend ist oder nicht) übt der Registrar die volle Jurisdiktion des Gerichts hinsichtlich des Erlasses von Anerkenntnis- und Versäumnisurteilen aus. Er führt die Hauptverhandlungen durch, soweit sie ihm übertragen wurden oder der Streitwert nicht über £ 75[3] liegt und die Parteien zustimmen. Er ist auch der Kostenfestsetzungsbeamte des County Court.

---

[14] Bankruptcy Act, 1914, s. 26 (1).
[15] Ibid., s. 102 (3).
[16] Bankruptcy Act, 1914, s. 102 (4).
[17] Carve-order 1884, para. 3; zu den zwei vom Judge Cave erlassenen directions zur Regelung der Zuständigkeit des Registrars in Bankruptcy vgl. *Williams*, Bankruptcy, 1968.
[18] Bankruptcy Rules, 1952, r. 10; Re Hooly, (1892) 6 Mans. 176; 80 L.T. 495.
[19] Bankruptcy Rules 1952, r. 10.
[20] Bankruptcy Act, 1914, s. 108 (2) (b).
[1] County Courts Act, 1952, s. 21 (1).
[2] Administration of Justice Act, 1973, s. 16.
[3] Administration of Justice Act, 1969, s. 9.

§ 23. Special Referees

Der County Court Registrar ist ein Unterrichter, und zwar Vorverfahrensrichter und Hauptverhandlungsrichter. Justizverwaltungsaufgaben nimmt nicht er, sondern der Chief Clerk des County Court wahr[4].

Bei Streitwerten unter £ 75 ist der County Court Registrar im Regelfall das Bagatellgericht mit einem besonderen Schiedsurteilsverfahren[5].

Gegen Entscheidungen des County Court Registrar gibt es ein formelles Rechtsmittel (appeal) zum Circuit Judge[6].

§ 23. Die Special Referees als Richterkommissare

Als Special Referees beauftragt werden im Einzelfall Barristers, die mit der Überweisung der Sache alle Befugnisse eines Judge bekommen[1]. Die Verweisung, die regelmäßig wegen besonderer Sachkenntnisse eines Barrister auf Antrag der Parteien durch den Master verfügt wird, erfolgt insbesondere zur Durchführung einer Hauptverhandlung (trial), zu der jedoch keine Beisitzer (assessors) hinzugezogen werden können[2]. Die Befugnisse eines Special Referee sind außerdem in zwei Punkten eingeschränkt: er kann keine Haft bei ‚contempt of court' verhängen, und ihm fehlen bestimmte Annexzuständigkeiten, z. B. hinsichtlich von Widerklagen[3].

Für das Verfahren bei Verweisung zur Durchführung der Hauptverhandlung wie auch zur Untersuchung und zum Bericht gelten die gleichen Vorschriften wie bei den Judges[4].

Soweit ein Special Referee die Hauptverhandlung durchgeführt hat, ist gegen seine Entscheidung ein Rechtsmittel (appeal) zum Court of Appeal gegeben[5]. Da hier nur ein aus der höheren Anwaltschaft ernannter Richterkommissar für einen Einzelfall tätig geworden ist, sind seine Entscheidungen unbeschränkt durch Rechtsmittel anfechtbar; die für Circuit Judges als Official Referees bestehenden Grenzen gelten insoweit nicht[6].

Bei der Institution der Special Referees handelt es sich insgesamt gesehen um die Delegation richterlicher Aufgaben im Einzelfall auf

---

[4] County Court (Amendment No. 3) Rules 1972.
[5] s. u. § 71.
[6] C.C.R. Ord. 37, r. 5 (1).
[1] R.S.C. Ord. 36, rr. 8 (1), (3); 4.
[2] R.S.C. Ord. 32, r. 2 (f); Ord. 36, r. 8 (1).
[3] R.S.C. Ord. 36, r. 8 (3); r. 4 (2).
[4] R.S.C. Ord. 36, r. 8 (2) (3); Ord. 36, rr. 2, 3.
[5] R.S.C. Ord. 58, r. 6; Ord. 36, r. 8.
[6] R.S.C. Ord. 58, rr. 5, 6.

die höhere Anwaltschaft, die damit funktional als Richterreserve anzusehen ist.

Kapitel III

§ 24. Die Ziviljury

Literatur:
Buckley, Civil Trial by Jury, 1966.
Cornish, The Jury, 1971.
Devlin, Trial by Jury, 1966.
Liebscher, Rechtsvergleichende Analyse der Geschworenengerichtsbarkeit, 1970.
Schwarzenbach, Die englische Civiljury, 1936.

I. Das *Recht auf Hinzuziehung einer Jury in Zivilsachen (Ziviljury)* besteht am High Court nur in bestimmten, vom Gesetz[1] enumerativ aufgeführten Fällen; im übrigen ist die Verwendung von Geschworenen in der Hauptverhandlung zwar in das Ermessen des Vorverfahrensrichters gestellt[2], kommt aber nur in Ausnahmefällen in Betracht. Ein Recht auf eine Ziviljury besteht nur bei deliktischen Klagen wegen Betrugs, Beleidigung, Verleumdung, böswilliger Erhebung einer Strafklage (malicious prosecution), ungesetzlicher Haft (false imprisonment) und Schadenersatzklage wegen Verführung (seduction). Da diese Klagen in der Regel zur Zuständigkeit der Queen's Bench des High Court gehören, haben die Parteien nur selten einen Anspruch auf eine Jury in der Chancery Division. In der Praxis wird das Verfahren dann immer von der Chancery Division an die Queen's Bench Division abgegeben[3].

Wegen dieser Einschränkung des Rechts auf eine Jury und aus Kostengründen ist die Verwendung von Geschworenen in Zivilsachen ständig zurückgegangen. Von der rechtlich vorgesehenen Möglichkeit, auch am County Court eine Jury (8 Geschworene) einzuberufen, wird wenig Gebrauch gemacht.

II. Die Geschworenen werden aus einer besonderen Liste für die Sitzungsperiode (panel) ausgelost[4]. Diese Sessionsliste[5] wird aus dem

---

[1] Administration of Justice (Miscellaneous Provisions) Act, 1933, s. 6. R.S.C. Ord. 33, r. 5.
[2] Hope v. G.W.R., (1937) 53 T.L.R. 399; Christen v. Goodacre, (1949) W.N. 234; Ward v. James, (1965) 2 W.L.R. 455 (C.A.); Hodges v. Harland & Wolff Ltd., (1965) 1 W.L.R. 523 (C.A.). Zu den letzten beiden Entscheidungen vgl. die kritische Auseinandersetzung in *Abel-Smith,* Lawyers and the Courts, pp. 308 et seq. In Ehesachen vgl. Matrimonial Causes Rules 1971, r. 48.
[3] Supreme Court Practice 1973, Ord. 4/3/1.
[4] Juries Act, 1825, s. 26; R. v. Frost, (1853) 9 C. & P. 129, 135 (et seq).
[5] Zur Bildung der Geschworenenlisten vgl. Juries Act, 1922, ss. 1 et seq.

§ 24. Ziviljury

Jurors Book, der Gesamtliste aller zum Geschworenenamt Befähigten, gebildet. Die Jurors Books beruhen auf den Wählerlisten für das House of Commons (electoral registers). Die Befähigung zum Geschworenenamt hat, wer von Geburts wegen britischer Staatsangehöriger und zwischen 21 und 60 Jahren alt ist[6].

Unfähig zum Amt eines Geschworenen sind insbesondere strafgerichtlich wegen schwerer Delikte Verurteilte[7]. Von der Pflicht zum Geschworenenamt freigestellt sind Abgeordnete, Geistliche, Richter und Gerichtsbeamte, Polizeibeamte, Anwälte, Ärzte u. a.[8]. Die Geschworenen erhalten eine Entschädigung für Verdienstausfall (compensation for loss of earnings), Dienstaufwand und Fahrkosten[9].

III. Die Jury hat die Aufgabe[10], aufgrund einer Beweiserhebung ein Verdikt (verdict)[11] zu erlassen, das (im Grundsatz) nur tatsächliche Feststellungen enthält. Alle Rechtsfragen werden vom Judge entschieden[12]. Man unterscheidet dabei zwischen ‚general‘ und ‚special verdicts‘; beim general verdict wird allgemein für oder gegen den Kläger entschieden, beim ‚special verdict‘ hat die Jury nur einzelne tatsächliche Feststellungen zu treffen.

Der Richter hat die Pflicht, der Jury genaue Anweisungen über das anzuwendende Recht zu geben[13]. Er tut dies in einer Zusammenfassung (summing up), in der er auch den Umfang der Beweiswürdigung, die die Jury vornehmen soll, festlegt. Er hat sie dabei über den Beweiswert der verschiedenen Beweismittel zu informieren. Die Jury ist verpflichtet, diesen Anweisungen zu folgen.

Während z. B. alle Fragen der Zulässigkeit von Beweismitteln und der Beweisbedürftigkeit vom Judge zu entscheiden sind, nimmt die Jury, in den einzelnen rechtlichen Alternativen vom Judge angeleitet, die eigentliche Beweiswürdigung vor. Sie entscheidet dabei z. B. über die Glaubwürdigkeit der Zeugen[14]. Bei der Beschlußfassung ist eine qualifizierte Mehrheit erforderlich[15].

---

[6] Juries Act, 1825, s. 1; vgl. *Halsbury*, Laws 3rd ed. Vol. 23, p. 5.
[7] Criminal Justice Act, 1967, s. 14.
[8] Vgl. *Halsbury*, Laws, 3rd ed. Vol. 23, pp. 6 et seq.
[9] Courts Act, 1971, Pt. V.
[10] Die Aufgabenverteilung zwischen Judge und Jury ist in der umfangreichen englischen Literatur zum Beweisrecht (evidence) ausführlich erörtert, vgl. *Phipson*, Evidence, 11th ed.; *Cross*, Evidence, 3rd ed.
[11] Zum Begriff verdict vgl. Reed v. Shrubsole, (1849) 7 C.B. 630, 640.
[12] Mechanical, etc. Inventions v. Austin, (1935) A.C. 346.
[13] Prudential Assurance Co. v. Edmonds, (1877) 2 App. Cas. 487 (H.L.).
[14] Dublin, Wicklow and Wexford Rail. Co. v. Slattery, (1873) 3 App. Cas. 1155 (H.L.), at pp. 1183, 1209; Watt v. Watt, (1909) 10 W.L.R. 699, 700.
[15] Courts Act, 1971, s. 39.

Gegen das Verdikt der Jury gibt es einen ‚appeal' im technischen Sinn in zwei rechtlichen Ausgestaltungen[16]. Die Einlegung in der einen Form erfolgt durch Beantragung einer neuen Hauptverhandlung *(application for a new trial)* beim Court of Appeal. Dieser Antrag muß sich auf die folgenden Behauptungen stützen:

a) der Judge habe der Jury eine unrichtige Anleitung gegeben, und zwar sowohl hinsichtlich der Beweisaufnahme als auch bei Rechtsfragen;

b) die Entscheidung der Jury beruhe auf Tatsachen, zu deren Beweis überhaupt kein Beweismittel eingeführt worden sei; dies trägt der Regelung Rechnung, daß es eine vom Richter zu entscheidende Rechtsfrage ist, ob genügend Beweise erhoben wurden.

c) der von der Jury festgesetzte Schadensersatz sei extrem hoch oder niedrig[17].

Die zweite Alternative ist ein sogenannter ‚*application* to the Court of Appeal *to set aside a verdict*, finding or judgment after trial with jury'[18], also ein Antrag auf Aufhebung eines Verdikts oder eines auf einem Verdikt beruhenden Urteils. Dieser Rechtsbehelf kommt etwa dann in Frage, wenn das Urteil des Judge mit dem Verdikt der Jury in Widerspruch steht.

Das Verdikt einer Jury ist nicht deshalb nichtig, weil ein Geschworener mitgewirkt hat, der nicht hätte berufen werden dürfen[19]. Das Verdikt kann auch nicht deswegen angegriffen werden, weil allgemeine Verfahrensvorschriften bei der Berufung in das Schöffenamt verletzt wurden.

---

[16] R.S.C. Ord. 59, rr. 2, 11; Supreme Court of Judicature Act, 1925, s. 30.

[17] R.S.C. Ord. 59, r. 11; zu einer unrichtigen Anleitung (summing-up) durch den Judge vgl. Jenoure v. Delmage, (1891) A.C. 73 (hinsichtlich der Beweislast); Tollex v. J. S. Fry & Sons, Ltd., (1931) A.C. 333 (der Judge hatte die Jury nicht richtig darüber informiert, daß in einer auf Beleidigung gestützten Klage die betreffende Äußerung zur Ehrverletzung nicht geeignet war).

[18] R.S.C. Ord. 59, r. 2.

[19] Criminal Justice Act, 1967, s. 15.

Abschnitt III

Die Justizbeamten und Richtergehilfen in Zivilsachen

§ 25. Begriff der Justizbeamten und der Richtergehilfen

Behält man die Kategorie Richter für das rechtsprechende Justizpersonal vor, korrespondiert mit diesem funktionalen Richterbegriff der ebenfalls funktionale Begriff des Richtergehilfen, d. h. des nicht streitentscheidenden Justizpersonals. Die Gruppe der Richtergehilfen setzt sich aus zahlreichen Justizämtern und -funktionen zusammen, von denen nur die wesentlichsten im folgenden dargestellt werden können. Eine Anzahl dieser Richtergehilfen hat den Status eines ‚officer of the court'[1], d. h. eines Justizbeamten im engeren Sinn. Der Begriff Beamter ist in diesem Zusammenhang nicht identisch mit dem des allgemeinen Staatsbeamten (civil servant of the state)[2]; allerdings wurde der Status der Justizbeamten dem der allgemeinen Staatsbeamten neuerdings stark angenähert[3]. Von den Justizbeamten ist das übrige nichtrichterliche Justizpersonal (die clerks) zu unterscheiden.

§ 26. Die Justizbeamten des Supreme Court und der Circuits

Hauptquelle:
Courts Act, 1971.

Literatur:
Huebner, Courts Act 1971, 1971 - 72.

Mit dem Courts Act, 1971, wurde ein einheitliches System von *Justizbeamten* errichtet[1], wobei eine Vielzahl traditionsreicher Ämter abgeschafft wurde. Dieses System umfaßt das Justizpersonal an allen Zivilgerichten, also nicht nur des Supreme Court, sondern auch der County Courts.

Zu diesem Zweck wurden England und Wales in sechs Gerichtsbezirke (circuits) aufgeteilt. Jeder Gerichtsbezirk hat einen selbständi-

---

[1] Vgl. Supreme Act, 1925, s. 110.
[2] Vgl. N. M. *Hale:* „Großbritannien", in: Recht und System des öffentlichen Dienstes, Bd. 1, Hrsg. J. H. *Kaiser,* F. *Mayer* und C. H. *Ule,* Baden-Baden 1973, S. 93 - 154, 93.
[3] Supreme Court Act, 1925, s. 118.
[1] Courts Act, 1971, s. 27.

gen Justizdienst (court service) unter der Leitung des Bezirksvorsitzenden (circuit administrator) im Beamtenrange eines under-secretary. Dem Bezirksvorsitzenden unterstehen weitere leitende Justizbeamte, während die Leitung der örtlichen Geschäftsstellen der County Courts in den Händen von Chief Clerks ist. Co-Präsidenten der Circuits sind jeweils zwei High Court Judges, die die Oberaufsicht über den Gerichtsbezirk und den Justizdienst haben.

Die Justizbeamten des Supreme Court (wie auch der anderen Zivilgerichte) stellen das untere Richterpersonal (Masters usw.) und das übrige Justizpersonal (clerks), das eine nach Klassen gegliederte Hierarchie bildet. ‚First class clerks' sind beispielsweise die Chief Clerks und die Head Clerks.

§ 27. Die Associates

Literatur:

Bunge, Das untere Richterpersonal und die Richtergehilfen am englischen High Court of Justice, 1973.

Derjenige Gerichtsbeamte, der in der Hauptverhandlung der Queen's Bench Division im Zentralgericht in London als Gehilfe der Richter tätig wird, heißt Associate oder Judge's Associate. Er wird vom Crown Office und Associates Department des Central Office gestellt. Sein Rang als Gerichtsbeamter ist Assistant Master oder Clerk.

Die Associates haben eine juristische Ausbildung. Im Rahmen des Sitzungsdienstes erstellen sie, neben dem amtlichen Stenographen, das amtliche Verhandlungszertifikat *(Certificate of associate)*. Zu protokollieren sind insbesondere die Dauer der Hauptverhandlung, Entscheidungen in Tatfragen durch die Jury, der Urteilstenor und die Kostenentscheidung, soweit sie vom Richter der Hauptverhandlung erlassen wird[1]. Außerdem wirken die Associates bei der Leitung der Verhandlung mit, insbesondere führen sie die Auslosung der Geschworenen nach der Sessionsliste durch. Der Associate (und nicht der Vorverfahrensrichter) bereitet auch die Hauptverhandlung in ihrem technischen Ablauf vor. Er hat hierfür einschlägige Entscheidungen und Vorschriften vorher nachzuprüfen und berät den Judge gegebenenfalls in der Hauptverhandlung.

Er fungiert insoweit als Richtergehilfe für Rechtsfragen, während ein Assessor nur für Tatfragen hinzugezogen werden kann.

Alle Augenscheinsobjekte und alle Urkunden, die während der Hauptverhandlung als Beweismittel übergeben werden, sind vom

---

[1] R.S.C. Ord. 35, r. 10; zum amtlichen Stenografendienst vgl. Ord. 68.

Associate in Gewahrsam zu nehmen, der darüber ein Verzeichnis zu führen hat[2].

Die Richtergehilfen leisten den Sitzungsdienst nicht nur in der ersten Instanz, sondern bei Rechtsmittelverfahren ihrer Abteilung auch in der nächst-höheren Instanz, also am Court of Appeal.

§ 28. Die Chancery Registrars

Die Registrars der Chancery Division (Chancery Registrars und Assistant Chancery Registrars) werden vom Lord Chancellor aus den Assistant Masters ernannt[1], und Assistant Master kann werden, wer mindestens zwei Jahre Solicitor war[2]. Die Chancery Registrars haben ihr Amt ‚during good behavior'[3], also auf Lebenszeit.

Während das Associates' Department des Central Office für den Sitzungsdienst in den Hauptverhandlungen der Queen's Bench Division (und bei entsprechenden Rechtsmittelverfahren am Court of Appeal auch dort) zuständig ist, nimmt für die Chancery Division aus historischen Gründen das Chancery Registrars' Office diese Aufgaben wahr. Hier werden daher die Hauptverhandlungen durch den Cause Clerk vorbereitet[4], das Geschäftsregister und die Sitzungslisten geführt, hier erfolgt in bestimmten Fällen auch die Geschäftsverteilung im Losverfahren (ballot) zwischen den beiden Gruppen von Judges der Hauptabteilung[5].

Außerdem führen die Registrars, insbesondere die Assistant Registrars die formelle Urteilsabfassung (drawing up of chancery judgments)[6] durch, für die ein besonderes Verfahren vorgeschrieben ist.

§ 29. Die Assessors

Literatur:
Dickey, Assessors in English Courts, 1970.

Die County Courts, alle Hauptabteilungen (divisions) des High Court und des Court of Appeal können zur Durchführung der zivilprozessualen Hauptverhandlung einen oder mehrere Assessors (Beisitzer) zuziehen. Das Prozeßrecht wird dadurch nicht zum Kollegialgericht; die Assessors haben vielmehr nur beratende Stimme. Allerdings ist der Admi-

---

[2] R.S.C. Ord. 35, r. 11 (1), (2).
[1] Courts Act, 1971, s. 26 (1) (e).
[2] Supreme Court Act, 1925, s. 126 (2).
[3] Ibid, s. 115 (1), s. 127 (1), sch. III, Pt. II.
[4] R.S.C. Ord. 34, r. 3 (1), (5) (c).
[5] R.S.C. Ord. 4, r. 1 (2) (b).
[6] R.S.C. Ord. 42, r. 7.

ralty Court im High Court das einzige Gericht, das regelmäßig Assessors zuzieht. Der Zuziehungsbeschluß erfolgt regelmäßig als Verfügung in der Vorverhandlung *(hearing of the summons for directions)*[1].

1. In allen Verfahren vor dem *County Court* kann der Circuit Judge auf (notwendigen) Antrag einer Partei zu einer Unterstützung sachverständige Personen als Assessors zuziehen[2]. Es gibt auch Fälle, in denen der Judge Assessors aufgrund gesetzlicher Vorschrift zuziehen muß[3]. Unterläßt er es, ist das Gericht nicht ordnungsgemäß besetzt[4]. Die Liste der geeigneten Personen wird vom Registrar aufgestellt und vom Judge genehmigt[5]. Die Parteien können Assessors ablehnen (object)[6].

2. Im *High Court* und im *Court of Appeal* können alle Judges[7] (nicht aber untere Richter, z. B. ein Master oder Special Referee)[8] Assessors zu ihrer Unterstützung in Hauptverhandlungen zuziehen.

Mit Ausnahme des Beschwerdeverfahrens gegen Entscheidungen in Kostenfestsetzungsverfahren, bei denen als Assessors ein Taxing Officer benannt werden muß[9], gibt es keine Vorschriften, die die Zuziehung bestimmter Assessors anordnen. In der Praxis kommt es oft zu Parteivereinbarungen über Assessors, die vom Gericht sanktioniert werden.

3. Das Hauptverwendungsgebiet für Assessors sind die *Seesachen,* für die sog. ‚nautical assessors' zugezogen werden. In den meisten Seesachen in einem County Court werden Assessors nur auf Antrag der Parteien zugezogen. ‚Nautical assessors' unterstützen im Admiralty Court des High Court und im Court of Appeal die Judges normalerweise bei der Entscheidung über nautische Fragen, insbesondere in Kollisions- und ähnlichen Schadensersatzfragen. Die Assessors werden von bestimmten nautischen Organisationen gestellt und aufgrund von allgemeinen Listen für den Einzelfall festgesetzt.

4. Die Funktion der Assessors als stimmrechtsloser Beisitzer ist nicht im einzelnen geregelt, vielmehr liegt es im Ermessen des Gerichts zu entscheiden, in welcher Weise sie am Verfahren beteiligt werden[10].

---

[1] R.S.C. Ord. 75, r. 25 (2).
[2] County Courts Act, 1959, s. 91 (1).
[3] Vgl. Race Relations Act, 1968, s. 19 (7).
[4] Re the Pilotage Act, 1913, Soanes v. Corporation of Trinity House, (1950) 84 Ll.L.Rep. 432, 433 - 434.
[5] Country Court Rules 1936, Ord. 31, rr. 1, 3.
[6] County Courts Act, 1959, s. 91 (3).
[7] Supreme Court Act, 1925, s. 98 (1).
[8] R.S.C. Ord. 36, rr. 8 (1), 9 (1).
[9] R.S.C. Ord. 62, r. 35 (5).
[10] R.S.C. Ord. 33, r. 6.

Der Assessor steht als sachverständiger Beisitzer dem Gericht zur Verfügung, um ein spezielles Sachgebiet betreffende Fragen zu beantworten[11]. Er wird (im Gegensatz zum Court expert) nicht vereidigt und kann nicht ins Kreuzverhör genommen werden[12]. Seine Auskünfte werden vom Gericht nicht-öffentlich eingeholt; die Bekanntgabe an die Parteien steht im Ermessen des Gerichts und erfolgt regelmäßig erst in der Urteilbegründung. Er hat die Funktion eines besonderen Gerichtssachverständigen; dem entspricht die Regel, daß die Einholung weiterer ‚expert evidence' unzulässig ist, wenn Assessors zur Verfügung standen und Auskünfte zu dem speziellen Sachgebiet erteilt haben[13].

Der Assessor schlägt über bloße Auskünfte hinaus in der Praxis dem Judge auch bestimmmte Fragen vor, die dieser dann an Zeugen richtet. Der Judge ist an die Auffassung des Assesor nicht gebunden[14], er hat auch die Beweiswürdigung allein vorzunehmen[15].

Im Rechtsmittelverfahren kann das Rechtsmittelgericht zusätzlich zu denen des erstinstanzlichen Gerichts Assessors zuziehen, so daß die fachmännischen Auskünfte in den verschiedenen Instanzen in Widerspruch treten können. Welchen Auskünften das Gericht dann folgt, steht in seinem Ermessen.

§ 30. Die Examiners of the Court und die Conveyancing Counsel der Chancery Division

I. Das Gericht kann, wenn Gründe für eine Vernehmung außerhalb der Hauptverhandlung vorliegen, etwa zur Beweissicherung, diese durch einen *Examiner of the Court* vornehmen lassen[1]. Die Examiners (Vernehmungskommissare)[2] sind Anwälte und werden vom Lord Chancellor für einen Zeitraum von bis zu 5 Jahren ernannt[3]. Qualifiziert ist ein Barrister mit mindestens 3jähriger Anwaltszulassung. Der Lord Chancellor kann die Ernennung jederzeit widerrufen. Die auf diese Weise ernannten (vier) offiziellen Examiners werden nach einer besonderen, in den Rules of the Supreme Court enthaltenen Gebührentabelle[4] bezahlt.

---

[11] The Magna Charta, (1871) 1 Asp. M.L.C. 153, 154 (P.C.); The Beryl, (1884) 9 P.D. 137, 141 (C.A.).
[12] The Queen Mary, (1947) 80 Ll.L.Rep. 609, 612 (C.A.).
[13] The Assyrian, (1890) 63 L.T. 91.
[14] The Magna Charta, (1871) 1 Asp. M.L.C. 153, 154 (P.C.).
[15] The Beryl, (1884) 9 P.D. 137, 141 (C.A.).
[1] R.S.C. Ord. 39, r. 1.
[2] Zu dieser Bezeichnung vgl. *Cohn*, Beweisaufnahme, S. 234.
[3] R.S.C. Ord. 39, r. 16.
[4] R.S.C. Ord. 39, r. 19.

Hat das Gericht eine Vernehmung durch einen offiziellen Examiner angeordnet, so wird dieser im Rotationssystem von einem Clerk des Chancery Registrars' Office bestimmt[5]. Die Parteien können aber auch die Bestellung eines besonderen Vernehmungskommissars *(special examiner)* beantragen. Es wird dann ein Barrister beauftragt, für den die allgemeinen Gebührenvorschriften für die offiziellen Examiners nicht gelten[6]. In Admiralty-Angelegenheiten gibt es besondere Examiners, die vom Präsidenten der Queen's Bench Division ernannt werden[7]. Es gibt gegenwärtig (1973) fünf Admiralty Examiners, die alle früher Solicitor gewesen sind.

Von den eigentlichen Richterkommissaren unterscheiden sich die Examiners dadurch, daß sie keine Hauptverhandlungen durchführen, also nicht streitentscheidend tätig werden.

II. Die *Conveyancing Counsel of the Court* der Chancery Division sind praktizierende Anwälte, die vom Lord Chancellor in dieses Amt berufen werden[8] und als besondere Richtergehilfen der Chancery Division in grundstücksrechtlichen Angelegenheiten fungieren. Sie erhalten kein Gehalt, sondern Gebühren von den Parteien, die von einem Taxing Officer festgesetzt werden, gegen dessen Entscheidung es ein Rechtsmittel (appeal) zum Master (‚the Court') gibt[9].

Die Überweisung (reference) einer Angelegenheit an einen Conveyancing Counsel allgemein erfolgt im Vorverfahren durch einen Master und in Ausnahmefällen auch in der Hauptverhandlung durch den Judge (oder Master, wenn dessen Zuständigkeit prorogiert wurde), wobei im Fall der Zuweisung in der Hauptverhandlung die Zuweisungsverfügung vom Chancery Registrar, der den Sitzungsdienst in der Chancery Division leistet, ausgefertigt wird[10]. Die Bestimmung des jeweiligen Conveyancing Counsel erfolgt im Regelfall durch den ‚rota clerk' des Chancery Registrars' Office im Rotationssystem[11]. Das zuweisende Prozeßgericht kann aber auch einen bestimmten Conveyancing Counsel zuziehen[12].

Der Conveyancing Counsel gibt lediglich eine Stellungnahme (opinion) ab und trifft keine Entscheidung[13]. Jede Partei kann dieser Stellung-

---

[5] R.S.C. Ord. 39, r. 17 (1).
[6] Vgl *Cohn,* Beweisaufnahme, S. 235, zum Verfahren vor dem Examiner, S. 237 f.
[7] R.S.C. Ord. 75, r. 30 (6).
[8] Supreme Court Act, 1925, s. 217; R.S.C. Ord. 31, rr. 5 - 8.
[9] R.S.C. Ord. 62, r. 20.
[10] R.S.C. Ord. 31, r. 8 (1).
[11] R.S.C. Ord. 31, r. 7 (1).
[12] R.S.C. Ord. 31, r. 7 (2).

§ 31. Official Solicitor   67

nahme widersprechen, worauf die streitige Frage von einem Judge entweder in chambers (als Verfahrensart) oder in court entschieden wird[14]. Welche Aufgaben dem Conveyancing Counsel im einzelnen übertragen werden, steht im Ermessen des Gerichts[15]. Es sind dies insbesondere die Untersuchung liegenschaftsrechtlicher Besitztitel und die Abfassung bestimmter grundstücksrechtlicher Verträge[16].

Insgesamt gesehen erfüllen die Conveyancing Counsel als Richtergehilfen der Chancery Division entlastende und beratende, teilweise auch vollstreckungsrechtliche Funktionen.

§ 31. Der Official Solicitor des Supreme Court

Der Official Solicitor am Supreme Court wird vom Lord Chancellor ernannt[1]. Die Befähigung zu diesem Amt hat ein Jurist, der 10 Jahre praktizierender Solicitor, Chancery Master, Taxing Master oder als 10 Jahre zugelassener Solicitor Gerichtsbeamter am Supreme Court war[2]. Der Official Solicitor bekleidet sein Amt ‚during good behaviour' mit der Einschränkung eines Absetzungsverfahrens, für das der Lord Chancellor zuständig ist[3].

Die Angelegenheiten, die dem Official Solicitor durch Verfügung des Prozeßgerichts übertragen werden, können nur enumerativ beschrieben und in ihrem Zusammenkommen historisch erklärt werden[4]. Es sind dies insbesondere amtliche Prozeßpflegschaften (guardian ad litem) für beklagte, prozeßunfähige Personen[5], und Aufgaben eines Sequesters bei streitbefangenen Sachen, die verkauft werden sollen.

Bei Klagen auf Rechnungslegung oder auf Vorlegung eines Vermögensverzeichnisses kann das Gericht, wenn eine entsprechende gerichtliche Anordnung ergangen ist[6] und die Partei die Erstellung pflichtwidrig verzögert, dem Official Solicitor die Leitung der Vollstreckung übertragen[7]. Außerdem hat er die wegen ‚contempt of court'

---

[13] R.S.C. Ord. 31, r. 5.
[14] R.S.C. Ord. 31, r. 6.
[15] R.S.C. Ord. 31, r. 5 (c).
[16] R.S.C. Ord. 31, r. 5.
[1] Vgl. Supreme Court Act, 1925, s. 129.
[2] Supreme Court Act, 1925, sch. IV No. 9.
[3] Ibid., s. 115 (1), s. 127 (1), sch. III Pt. I.
[4] Vgl. *Halsbury*, Laws, 3rd ed. Vol. 9 p. 334.
[5] Vgl. Adoption (High Court) Rules 1971, s. 6.
[6] R.S.C. Ord. 43, r. 1.
[7] R.S.C. Ord. 43, r. 7 (2).

von einem Judge des Supreme Court Verurteilten zu visitieren und über jeden Fall dem Lord Chancellor zu berichten[8].

Auf Anordnung des Gerichts stellt er auch über die Gründe einer Verzögerung beim Vollzug richterlicher Beschlüsse[9] Untersuchungen an und berichtet dem Prozeßgericht.

---

[8] Vgl *Halsbury*, Laws, Vol. 8 p. 49, p. 43 n. (k); Vol. 9 p. 443.
[9] Harbin v. Mastermann, (1896) 1 Ch. 368; R.S.C. Ord. 43, r. 7 (2), (1).

Abschnitt IV

Die Anwaltsstände

§ 32. Die Barristers

Literatur:

Boulton, Conduct and Etiquette at the Bar, 1971.
Cohn, Reich des Anwalts, 1949.
Council of Legal Education, Consolidated Regulations of the Inns, 1968.

Die englische Anwaltschaft ist (wie der gesamte englische Juristenstand) durch die Zweiteilung in Barristers und Solicitors gekennzeichnet.

Der Aufgabenkreis der *Barristers* umfaßt neben den Entwürfen von Urkunden, Gutachten und Schriftsätzen vor allem die Advokatur (advocacy), d. h. die Vertretung in der Hauptverhandlung bei den oberen Zivilgerichten als Counsel.

Aus dem Barristerstand rekrutieren sich alle oberen Richter (Judges) und die Mehrzahl der unteren Richter (Masters etc.).

Die Standesorganisation der Barristers wird durch den aus 90 Mitgliedern bestehenden ‚Senate of the Inns of Court and the Bar' geleitet. Er ist für die allgemeine Standespolitik, aber auch für die Barristerausbildung zuständig.

Die Berufung zum Barrister erfolgt an einer der vier Rechtsinnungen (Inns of Court) nach einem Studium und einer Prüfung (call to the bar). Die Verwaltung der Rechtsinnungen wird von den *Benchers* ausgeübt, die sich durch Kooptation ergänzen.

Die Barristers verkehren nach hergebrachtem Standesrecht (etiquette) in streitigen Sachen nicht direkt mit dem Mandanten, sondern nur durch Vermittlung eines Solicitor. Während die Solicitors nicht standortgebunden sind, müssen sich die Barristers für bestimmte Gerichtsbezirke (circuits) eintragen lassen.

§ 33. Die Solicitors

Hauptquellen:

Solicitors Act, 1957.
Solicitors' Practice Rules 1936 - 1971.

Literatur:

Cordery, Law Relating to Solicitors, 1970.
Edwards, Solicitors' Diary, 1974.
Lund, Professional Conduct and Etiquette of Solicitors, 1968.

Die *Solicitors* sind die eigentlichen (Verkehrs-) Anwälte der englischen Gerichtsverfassung. Sie haben das Recht auf gerichtliches Gehör (right of audience, Postulationsfähigkeit) in der Regel nur an den unteren Gerichten bzw. im Vorverfahren[1].

Die Solicitors haben den Status von Gerichtsbeamten (officers) des Supreme Court. Ihre Standesvertretung ist die Law Society, die insbesondere die Befugnis hat, die Prüfungen für die Zulassung zum Solicitor abzunehmen. Die Zulassung erfolgt nach mehrjähriger Tätigkeit als Angestellter (articled clerk) in einem Solicitor-Büro und nach Ablegung eines Examens durch Eintragung in das Verzeichnis der ‚Solicitors of the Supreme Court' (mit Vereidigung).

Im Falle einer Verletzung der Amtspflichten sind die Solicitors einem Disziplinarverfahren vor dem High Court unterworfen, dessen Ergebnis die zeitweilige oder endgültige Amtsenthebung (struck out of the rolls) sein kann. Das Standesrecht der Anwälte in den Solicitors' Practice Rules wird vom Council der Law Society mit Zustimmung des Master of the Rolls erlassen[2].

---

[1] s. u. § 35.
[2] Solicitor's Act, 1957, s. 28. Vgl. auch s. 25.

Abschnitt V

Parteien und Parteivertreter

§ 34. **Parteibegriff, Parteifähigkeit und Parteiwechsel**

1. Die *Parteien (parties)* der Regelklagen (Writ-Klage, Originating-Summons-Klage) heißen Kläger (plaintiff) und Beklagter (defendant). Bei den durch ‚petition' und ‚motion' begonnenen Sonderklagen sind verschiedene Bezeichnungen gebräuchlich.

Kläger- und Beklagtenseite können aus mehreren Parteien bestehen (Parteienhäufung, *joinder of parties*)[1]. Es gibt keine prozeßrechtlich notwendige Streitgenossenschaft[2]. Materiellrechtlich nicht notwendige Streitgenossen können vom Vorverfahrensrichter nach seinem Ermessen von Amts wegen oder auf Antrag aus dem Verfahren entlassen werden[3].

2. Neben den natürlichen Personen sind die juristischen Personen (incorporated associations) *parteifähig*, sie können also unter ihrem eingetragenen Namen klagen und verklagt werden.

3. Hinsichtlich des *Parteiwechsels* besteht folgende Regelung: Beim Tod einer Partei ist zu unterscheiden, ob bereits die Beweisaufnahme abgeschlossen ist bzw. ein Verdikt der Jury vorliegt oder das Verfahren sich in einem früheren Stadium befindet. Im ersten Fall kann trotz des Todes ein Urteil ergehen[4], im zweiten nicht.

Mit dem Tode einer Partei ist bei dadurch bedingtem Wegfall des Klagegrundes die Klage nichtig geworden (a nullity), ein Parteiwechsel ist verfahrensrechtlich unzulässig[5]. Bei Weiterbestehen des Klagegrundes (cause of action) tritt zunächst Unterbrechung des Verfahrens (abatement) ein. Es ist jedoch ein Parteiwechsel auf Antrag vorgesehen, wobei die neue Partei der „persönliche Vertreter" (personal representative) des Verstorbenen (bzw. des Nachlasses, estate) ist[6]. Der Antrag

---

[1] R.S.C. Ord. 15, r. 4; C.C.R. Ord. 5, r. 1.
[2] R.S.C. Ord. 15, r. 6 (1): "No cause or matter shall be defeated by reason of the misjoinder or nonjoinder of any party, ...".
[3] R.S.C. Ord. 15, r. 6 (2).
[4] R.S.C. Ord. 35, r. 9.
[5] R.S.C. Ord. 15, r. 7 (1).
[6] Supreme Court Practice 1973, Ord. 15/7/6 und 7.

ist an den Vorverfahrensrichter zu richten mit der Bitte, den persönlichen Vertreter als Partei in den Prozeß aufzunehmen[7].

Im Falle der *Veränderung der materiellrechtlichen Lage* kann der Vorverfahrensrichter auf Antrag den neuen Berechtigten bzw. Verpflichteten als Partei in den Prozeß aufnehmen und die bisherige Partei entlassen[8].

4. Die *Repräsentantenklage* (representative proceedings)[9] unterscheidet zwischen den Parteien (als Repräsentanten) und den repräsentierten Personen. Sie ist in den folgenden Fällen vorgesehen: Wenn eine Anzahl von Personen dasselbe Interesse am Ausgang eines Prozesses hat, so können eine oder mehrere derselben als Repräsentanten der anderen klagen oder verklagt werden. Sind zunächst alle Interessenten verklagt, so kann die Repräsentation nachträglich durch gerichtliche Verfügung gestattet werden, wodurch die nunmehr Repräsentierten als Parteien aus dem Prozeß entlassen sind[10].

Die Rechtskraft des Urteils (binding character of judgment) erstreckt sich auch auf die Repräsentierten[11], zur Vollstreckbarkeit des Urteils gegen Repräsentierte ist jedoch die Genehmigung (leave) des Gerichts erforderlich[12].

§ 35. Prozeßfähigkeit, Postulationsfähigkeit und Vertretung

Literatur:
Church, Litigants in Person, 1971.

I. Alle natürlichen Personen sind *prozeßfähig*, und als Parteien sind sie grundsätzlich auch *postulationsfähig* (right to appear in person)[1].

Die Prozeßfähigkeit als der Fähigkeit, ein Verfahren in eigener Person zu führen, d. h. insbesondere zu beginnen, fehlt Minderjährigen (minors)[2] und Geisteskranken (patients). Diese prozeßunfähigen Personengruppen (persons under disability)[3] benötigen einen *prozessualen Stellvertreter*, der auf der Klägerseite *next friend*, ‚engster Freund', auf

---

[7] R.S.C. Ord. 15, r. 7 (2).
[8] R.S.C. Ord. 15, rr. 6 (2), 7 (2).
[9] R.S.C. Ord. 15, r. 12.
[10] R.S.C. Ord. 15, r. 12 (2).
[11] R.S.C. Ord. 15, r. 12 (3).
[12] R.S.C. Ord. 15, r. 12 (3).
[1] R.S.C. Ord. 5, r. 6; 12, r. 1 (1).
[2] Minderjährig ist eine Person unter 18 Jahren, Family Law Reform Act, 1969, s. 1 (1). Bei Klagen aus Arbeitsverhältnissen gibt es eine beschränkte Prozeßfähigkeit Minderjähriger am County Court, vgl. County Courts Act, 1959, s. 80.
[3] R.S.C. Ord. 80, r. 1; Mental Health Act, 1959.

§ 35. Prozeßfähigkeit, Postulationsfähigkeit, Vertretung

der Beklagtenseite *guardian ad litem* (Prozeßpfleger) heißt[4]. Bei Minderjährigen sind dies die gesetzlichen Vertreter, bei Geisteskranken der Vormund (guardian). Fehlt ein solcher Stellvertreter, wird der Official Solicitor als amtlicher Prozeßpfleger tätig[5]. Darüber hinaus bedürfen alle Vergleiche, Anerkenntnisse u. ä. der gerichtlichen Zustimmung, wenn eine Partei prozeßunfähig ist[5a].

II. Der prozessuale Stellvertreter (next friend, guardian ad litem) ist ebenso wie die prozeßunfähige Partei nicht *postulationsfähig*, er muß einen Anwalt (solicitor) bevollmächtigen[6]. Auch eine juristische Person (body corporate), die durch ihre Organe handelt, muß einen Anwalt beauftragen, den Organen fehlt also die Postulationsfähigkeit[7].

II. Die *Postulationsfähigkeit der Anwälte* (right of audience) ist hinsichtlich der beiden Anwaltsstände unterschiedlich geregelt. Ausschließlich postulationsfähig sind die Barristers vor den Appellationsgerichten House of Lords und Court of Appeal[8]; am High Court beschränkt sich das Postulationsmonopol der Barristers auf die Hauptverhandlung (trial), Termine in chambers können nach ständigem Gerichtsgebrauch[9] von Solicitors wahrgenommen werden. Auch in Konkurssachen besteht kein Barristerzwang[10].

An den County Courts und Magistrates' Courts haben auch die Solicitors das ‚right of audience'. Am Crown Court kann der Lord Chancellor den an sich nicht postulationsfähigen Solicitors dieses Recht verleihen[11]. Am House of Lords haben Solicitors das ‚right of audience' im Zulassungsverfahren vor dem Appeal Committee, nicht aber bei der Verhandlung über das Rechtsmittel vor dem Appellate Committee.

---

[4] R.S.C. Ord. 80, r. 2 (1); C.C.R. Ord. 11.
[5] s. o. § 31
[5a] R.S.C. Ord. 80, r. 10.
[6] R.S.C. Ord. 80, r. 2 (3).
[7] R.S.C. Ord. 12, r. 1 (2).
[8] Tritonia Ltd. v. Equity and Life Assurance Society, (1943) A.C. 584 (H.L.); Re Ellerton, (1887) 3 T.L.R. 324 (C.A.); 3 Digest 319, 46.
[9] Supreme Court Act, 1925, ss. 32, 103 (1).
[10] Bankruptcy Act, 1914, s. 152.
[11] Courts Act, 1971, s. 12.

Zweiter Teil

Der Zivilprozeß

Literatur:

Curti, Englands Zivilprozeß, 1928.
Jacob, English System of Civil Proceedings, 1963/64.
Kuhn, Droit Procédure, 1924.
Langan, Civil Procedure and Evidence, 1970.
Schuster, Bürgerliche Rechtspflege in England, 1887.

Abschnitt I

Der Gang des Verfahrens am High Court (Supreme Court)

Hauptquelle:

Rules of the Supreme Court 1965

Literatur:

Jacob, Supreme Court Practice 1973, 1972.
Witchell, Practice and Procedure, Vol. III, 1972.

Kapitel I

Allgemein

§ 36. Allgemeine Verfahrensregeln und -grundsätze

Literatur:

Abel/Bresch, Grundsätze des österreichischen und englischen Zivilprozesses, 1948.
Cohn, Wahrheitspflicht und Aufklärungspflicht, 1967.
Jackson, Natural Justice, 1973.
Jolowicz, Fundamental Guaranties in Civil Litigation, 1973.
Raeburn, Recht auf wirksame Rechtsdurchsetzung und unparteiisches Gerichtsverfahren, 1968.

Der englische Zivilprozeß ist dadurch charakterisiert, daß seine allgemeinen Grundsätze vielfältigen Differenzierungen und Sonderregelungen unterliegen. Dies gilt besonders im Hinblick auf die verschiedenen Verfahrensordnungen der Zivilgerichte und wurde u. a.

durch die (allerdings abnehmende) Zersplitterung der Rechtsquellen verursacht.

I. Das *Prinzip der allgemeinen Öffentlichkeit* der Rechtspflege (justice is to be seen to be done) gilt im wesentlichen nur für die Hauptverhandlung (trial)[1], während das Vorverfahren als Verfahren ‚in chambers' nichtöffentlich bzw. parteiöffentlich ist. Es besteht jedoch die Möglichkeit des Ausschlusses der Öffentlichkeit ganz oder teilweise von der Hauptverhandlung (trial in camera, trial in private), z. B. in Familiensachen und Rechtsmittelverfahren[2]. (In Familiensachen vor dem Magistrates' Court als Domestic Court besteht eine eingeschränkte Öffentlichkeit der Verhandlungen[3].)

Der *Grundsatz der Mündlichkeit* (oral hearing) gilt im wesentlichen für die Hauptverhandlung; das Vorverfahren erfolgt schriftlich mit Ausnahme der Vorverhandlung (hearing of the summons for directions). Es besteht ein allgemeines naturrechtlich begründetes Recht auf rechtliches Gehör (right to a hearing)[4].

Im englischen Zivilprozeß gilt der *Verhandlungs-* (nicht der Untersuchungs-) *grundsatz*[5] mit Einschränkungen insbesondere bei Verfahren in Ehe- und Familiensachen.

Termine werden grundsätzlich an der Gerichtsstelle abgehalten, Ortstermine (inspection) sind jedoch möglich. Die Gerichtsstellen (trial centers) des High Court sind über den gesamten Bereich seiner Gerichtsbarkeit verteilt[6]. Der Sitzungsort der Hauptverhandlung wird vom Vorverfahrensrichter festgesetzt.

II. Als fundamentaler Grundsatz des englischen Rechts gilt, daß die unteren Gerichte an die ratio decidendi der Entscheidungen der oberen Gerichte gebunden sind (rule of precedent, stare decisis). So bindet eine Entscheidung des House of Lords alle Gerichte des Vereinigten Königreichs; eine Entscheidung des Court of Appeal bindet den High Court und die County Courts; sie kann grundsätzlich nur vom House of Lords geändert werden.

Die Rechtsregel des bindenden Präzedenzfalles hat nicht nur eine vertikale Funktion, mit der die Einheitlichkeit der Rechtsprechung

---

[1] Scott v. Scott, (1913) A.C. 417. Hesz v. Sotheby, (1960) 1 W.L.R. 285.

[2] Matrimonial Causes Act, 1965, s. 43 (3); Matrimonial Causes Act, 1973, s. 48 (2). Domestic and Appellate Proceedings (Restriction of Publicity) Act, 1968.

[3] Magistrates' Courts Act, 1952, ss. 57, 58.

[4] Vgl. *Jackson*, Natural Justice, pp. 10 et seq. mit zahlreichen Entscheidungen.

[5] Vgl. Fallon v. Calvert, (1960) 1 All E.R. 282.

[6] R.S.C. Ord. 33, r. 1.

gesichert wird. Sie hat auch die horizontale Funktion der *Selbstbindung der Gerichte an die eigene frühere Entscheidung.* Diese (eingeschränkte) Selbstbindung (relative rule of precedent) gilt für den Court of Appeal[7] und das House of Lords[8].

§ 37. Stadien und Funktionen im Zivilprozeß

Literatur:
Bunge, Das untere Richterpersonal, 1973.
Witchell, Practice and Procedure Vol. III, 1972.

I. Im englischen Zivilprozeß sind im Verfahren des ersten Rechtszuges zwei Hauptabschnitte innerhalb des Erkenntnisverfahrens (Vorverfahren und Hauptverhandlung) sowie das Zwangsvollstreckungs- und das Kostenfestsetzungsverfahren zu unterscheiden. Von diesen Verfahrensstadien führt im Regelfall ein Judge nur die das Erkenntnisverfahren beendigende Hauptverhandlung durch, alle anderen Prozeßstadien sind dem unteren Richterpersonal oder sonstigem Justizpersonal überlassen. Der erste Abschnitt, das Vorverfahren (pre-trial proceedings), wird von den Masters, Registrars oder District Registrars durchgeführt, die, wenn der Prozeß spruchreif ist und eine Hauptverhandlung erforderlich wird, diese anordnen. Bestimmte Richtergehilfen bereiten die Hauptverhandlung vor und stellen den Sitzungsdienst, der den Judge in der Hauptverhandlung entlastet.

Nach der Hauptverhandlung, sofern diese erforderlich war, führt ein Taxing Officer das Kostenfestsetzungsverfahren durch. Vollstreckungsrichter sind im Regelfall die Richter des Vorverfahrens, also insbesondere die Masters, Registrars und District Registrars.

II. In der Hauptverhandlung wird der Judge durch einen Richtergehilfen entlastet, der zu der Geschäftsstelle gehört, die die Hauptverhandlung vorbereitet hat. Diese Richtergehilfen im eigentlichen Sinne übernehmen rein formelle Handlungen innerhalb der Hauptverhandlung, bereiten auch Fragen des materiellen und formellen Rechts vor und beraten den Judge hinsichtlich des betreffenden Verfahrens. Sie protokollieren den wesentlichen Inhalt der Hauptverhandlung und setzen später die Entscheidungen ab.

Neben diesen Richtergehilfen kann sich der Judge in der Hauptverhandlung auch der Unterstützung von nicht stimmberechtigten Beisitzern bedienen, die durch sachverständige Beratung auf die Vernehmung von Parteien und Zeugen Einfluß nehmen können. Außerdem be-

---

[7] Young v. Bristol Aeroplane Co.Ltd., (1944) 2 All E.R. 293.
[8] London Street Tramways Co. v. London County Council, (1966) 1 W.L.R. 1234.

steht die Möglichkeit, Zeugenvernehmungen außerhalb der Hauptverhandlung und Augenscheinstermine durch bestimmte Richterkommissare (referees) und besondere Richtergehilfen (examiners) vornehmen zu lassen.

Die High Court Judges können eine Sache auch ganz oder teilweise zur Erledigung an Richterkommissare verweisen. Als Richterkommissare fungieren Barristers, also Advokaten, und Richter anderer Gerichte, insbesondere der County Courts.

§ 38. Arten der Klage

Literatur:
Peter, Actio and Writ, 1957.
Maitland, Forms of Action at Common Law, 1962.
Ziegenbein, Real and Personal Actions, 1971.

I. Am High Court gibt es als Arten der Klageerhebung ‚writ of summons‘, ‚originating summons‘, ‚originating motion‘ und ‚petition‘[1]. Hierbei sind writ und originating summons die Regelklagen; motion und petition sind als Sonderklagen nur zulässig, soweit gesetzlich vorgesehen[2]. Eine prozeßrechtlich unzulässige Klageart macht die Klage nicht unwirksam[2a]; ein Wechsel ist zulässig.

Von den Regelklagen hat der *Writ-Prozeß* seinen Schwerpunkt in der Tatsachenfeststellung. Er durchläuft daher im Normalfall alle Stadien des Vorverfahrens, insbesondere den formellen Schriftsatzwechsel (pleadings), und wird gegebenenfalls durch die Hauptverhandlung (trial) abgeschlossen.

Der *Originating-Summons-Prozeß*[2b] als zweite Regelklage ist ein Antragsverfahren in Klageform, das in einer Anzahl von Fällen gesetzlich vorgeschrieben ist. Darüber hinaus ist dieser Prozeß ein auf Rechtsfragen und nicht auf Tatfragen konzentriertes beschleunigtes Verfahren, in dem besonders eine Gesetzesauslegung (construction of statute) oder eine Urkundsauslegung im Streit ist.

Die *Petitionsklage*, die ein traditionelles Antragsverfahren darstellt, ist eine selten gewordene Form der Klageerhebung in bestimmten, gesetzlich vorgeschriebenen Fällen[3] der Chancery Division.

---

[1] R.S.C. Ord. 5, r. 1.
[2] R.S.C. Ord. 5, r. 5.
[2a] R.S.C. Ord. 2, r. 1 (3).
[2b] s. u. § 45. R.S.C. Ord. 5 r. 3.
[3] R.S.C. Ord. 9.

Die *Motion-Klage* ist ebenfalls nur in wenigen Fällen gesetzlich vorgesehen[3a].

II. Die Klage kann eine Leistungsklage, aber auch eine Feststellungsklage sein, die auf eine Feststellungsentscheidung *(declaratory judgment* oder *order)* gerichtet ist[4]. Die Feststellung kann in Ausnahmefällen auch für künftige Rechte erfolgen.

III. Es gibt im High Court-Prozeß die Möglichkeit anfänglicher und nachträglicher Verbindung von Klagen *(consolidation of actions)*[5] und die Möglichkeit der Klagentrennung[6]. Die Klagenverbindung kann je nach Sachlage in verschieden enger Form erfolgen: etwa zur gemeinsamen Hauptverhandlung oder nur zur Entscheidung in zwei zeitlich unmittelbar aufeinanderfolgenden Hauptverhandlungen (und damit vor demselben Hauptverhandlungsrichter).

Der Vorverfahrensrichter kann auch das Ruhen des Verfahrens (stay of proceeding) bis zur Entscheidung über ein anderes Verfahren anordnen[7].

§ 39. Geschäftsverteilung, Verweisung, Richterablehnung

Literatur:
Henkel, England. Rechtsstaat ohne „gesetzlichen Richter", 1971.

I. Am High Court erfolgt nach Eingang der Klage zunächst die Zuweisung an die zuständige Hauptabteilung (division) nach der allgemeinen *Geschäftsverteilung* (allocation of business)[1]. Darüber hinaus gibt es im englischen Zivilprozeß weithin keine Besetzungs- und Geschäftsverteilungspläne. Soweit sie vorhanden sind, haben sie lediglich justizadministrativen Charakter und können durchbrochen werden.

Innerhalb der *Queen's Bench Division* wird jede Klage einem Master zugeschrieben *(assignment),* und zwar geschieht dies im Action Department des Central Office[2]. Im Stadium des Vorverfahrens ist daher der Hauptverhandlungsrichter noch nicht bestimmt. Innerhalb der *Chancery Division* werden die Sachen nicht einem Master zugeschrieben, sondern auf die zwei ständigen Richtergruppen dieser Hauptabteilung verteilt[3].

[3a] R.S.C. Ord. 5, r. 5; Ord. 73, r. 2; Ord. 75, r. 33.
[4] R.S.C. Ord. 15, r. 16.
[5] R.S.C. Ord. 4, r. 10.
[6] Lewis v. Daily Telegraph (No. 2), (1964) 2 Q.B. 601; (1964) 1 All E.R. 705.
[7] R.S.C. Ord. 4, r. 10.
[1] Zur Regelung bei Feriensachen vgl. R.S.C. Ord. 64.
[2] R.S.C. Ord. 4, r. 2 (1).
[3] Gruppen A und B, jeweils unter dem Präsidium eines senior judge.

§ 39. Geschäftsverteilung, Verweisung, Richterablehnung

Die Verteilung erfolgt im Regelfall im Action Department des Central Office durch Losverfahren (ballot)[4].

Das Prinzip des gesetzlichen Richters wird insoweit nicht gewahrt, als nicht von vornherein feststeht, wer in einem bestimmten Rechtsstreit als Richter zu entscheiden hat. Der in diesem Grundsatz enthaltene Schutzzweck wird aber häufig dadurch erreicht, daß die Richter im Rotationssystem auf die einzelnen Verfahren verteilt werden. Im übrigen bestimmt der ‚clerk of the lists' den jeweiligen Hauptverhandlungsrichter nach seinem Ermessen.

II. Am High Court können Verfahren ohne besondere Einschränkung durch Beschluß des Prozeßgerichts von einer Hauptabteilung an eine andere, innerhalb der Chancery Division von einer Richtergruppe an die andere (durch Beschluß des Senior Judge) oder von einem Master an einen anderen auf Beschluß des Senior Master *verwiesen werden (transfered)*[5].

Erhebt der Kläger Klage an einem örtlich unzuständigen County Court, kann die Klage nach dem Ermessen des Prozeßgerichts an den zuständigen County Court verwiesen, als unzulässig abgewiesen (order *proceedings to be struck out*) oder am an sich unzuständigen County Court durchgeführt werden[6].

Der an sich *örtlich zuständige* County Court kann das Verfahren aus prozeßökonomischen und Billigkeitsgründen von Amts wegen an ein anderes verweisen, und der Beklagte kann auch entsprechende Anträge stellen[7].

Ist an einem *sachlich nicht zuständigen* County Court oder am sachlich nicht zuständigen High Court Klage erhoben worden, wird an das zuständige Gericht verwiesen[8].

III. Die *Ablehnung* (recusation) eines Richters[9] wegen Befangenheit (nemo debet esse judex in causa sua) ist in jedem Stadium des Verfahrens möglich, ebenso die Ablehnung von Friedensrichtern (objection)[10]. Die Geschworenen können nach ihrem Aufruf abgelehnt werden (challenge)[11].

---

[4] R.S.C. Ord. 4, r. 1 (2) (a).
[5] R.S.C. Ord. 4, rr. 3 et seq.
[6] C.C.R. Ord. 16, r. 4.
[7] C.C.R. Ord. 16.
[8] County Courts Act, 1959, s. 43, bei Widerklagen s. 65 (1), (2). C.C.R. Ord. 16, r. 4; R.S.C. Ord. 78.
[9] Vgl. *Blackstone*, William: Commentaries on the Laws of England, 16th ed. London 1825, Vol. III, p. 361.
[10] Wakefield Local Board of Health v. Wast Riding and Grimsby Rail. Co., (1865) L.R. 1 Q.B. 84.
[11] Courts Act, 1971, s. 35 (1).

Kapitel II

Das Vorverfahren (Pre-Trial Proceedings) bis zur Hauptverhandlung

Literatur:

Bonner, Practice before the Masters, 1934.
Crocioni, Fase preliminare nel processo civile inglese, 1938.
Diamond, English Interlocutory and Pretrial Practice, 1961.
Greenbaum/Reade, King's Bench Masters and English Interlocutory Practice, 1932.
Grivart de Kerstrat, La mise en état du procès civil anglais, 1970.

§ 40. Klageerhebung durch Writ of Summons und Zustellungen

I. Die wichtigste Form der *Klageerhebung* (originating process) erfolgt durch *writ of summons*[1]. Der Writ enthält die Aufforderung an den Beklagten, innerhalb einer Frist von 8 Tagen nach der Zustellung die Einlassungseintragung zu veranlassen (to cause an *appearance to be entered)*[2]; es handelt sich daher um eine Prozeßladung. Auf der Rückseite der Writ-Klage ist der geltend gemachte Anspruch bezeichnet *(indorsement of claim).* Er kann durch eine separate Klagebegründung *(statement of claim)* ergänzt werden[3].

Neben dieser allgemeinen Form der Writ-Klage gibt es für Klagen aus einem Schuldschein (bond), aus einem gesiegelten Vertrag und aus einem Wechsel oder Scheck, die auf Zahlung einer bestimmten Geldsumme gerichtet sind, den sog. *specially indorsed writ.* Dadurch wird das weitere Verfahren wesentlich beschleunigt, weil der Beklagte aufgrund des specially indorsed writ sich nicht auf die bloße formelle Einlassungserklärung beschränken kann. Er muß in diesem Falle vielmehr binnen 8 Tagen nach Zustellung die Klage beantworten. Unterläßt er dies, so kann der Kläger ohne weiteres Erlaß des Urteils beantragen.

Die Writ-Klage (und gegebenenfalls die Klagebegründung) wird dem Beklagten zugestellt, und zwar persönlich, damit Gewähr besteht, daß er von dem Verfahren Kenntnis erhält. Mit der Zustellung des Writ wird die Klage rechtshängig (pending action)[4].

---

[1] Zum Begriff vgl. R.S.C. Ord. 10.
[2] R.S.C. App. A. Form No. 1.
[3] R.S.C. Ord. 6, r. 2 (1).
[4] R.S.C. Ord. 4, r. 10; The Helenslea, (1882) 7 P.D. 57.

§ 40. Klageerhebung durch Writ, Zustellungen

Gibt der Beklagte nach Zustellung der Writ-Klage innerhalb der Frist von 8 Tagen keine Erklärung ab, so kann der Kläger bei Gericht folgende Anträge stellen:

Bei Klagen auf Rückgabe beweglicher Sachen, auf Schadensersatz oder auf Zahlung einer Geldsumme (liquidated demand) kann er den Erlaß eines Endurteils (final judgment) beantragen[5]. Bei unbestimmten Forderungen (unliquidated demand) ist nur der Erlaß eines Zwischenurteils zulässig (interlocutory judgment)[6]. In anderen Sachen muß der Kläger zunächst die Klage durch ein ‚statement of claim' näher begründen, bevor er ein Versäumnisurteil *(judgment in default of appearance)* erhalten kann. In der Praxis wird aber darüber hinaus in allen Fällen ein ‚statement of claim' verlangt. Der Kläger muß bei seinen Anträgen das Original der Writ-Klage vorlegen und durch eine eidliche Versicherung (affidavit) die ordnungsmäßige Zustellung der Writ-Klage nachweisen.

II. 1. Im *ordentlichen Verfahren* des High Court sind drei Arten der *Zustellung* zu unterscheiden[7]: Persönliche Zustellung (personal service), Ersatzzustellung (substituted service) und die normale Zustellung (ordinary service).

Persönliche Zustellung (personal service) wird in der Verfahrensordnung jeweils besonders angeordnet, und zwar insbesondere für alle verfahrenseinleitenden Schriftstücke wie Writ-Klage usw. Die Zustellung der Writ-Klage geschieht auf Veranlassung des Klägers und ohne die Einschaltung des Gerichts. Die Writ-Klage verliert nach 12 Monaten ihre Zustellungsfähigkeit; diese Frist kann aber unter bestimmten Voraussetzungen, z. B. wenn der Beklagte schwer aufzufinden ist, verlängert werden[8]. Die regelmäßige Übermittlung geschieht durch persönliche Übergabe an den Adressaten[9]. Bei Gesellschaften (companies) wird beim Büro (office) der Gesellschaft zugestellt[10], bei Körperschaften (body corporate) beim zuständigen Beamten[11]. Der tatsächliche Zugang kann gewisse Formfehler der persönlichen Zustellung heilen[12].

Die persönliche Zustellung kann durch Anwaltszustellung ersetzt werden, wenn der Beklagte seinen Anwalt zur Entgegennahme solcher

---

[5] R.S.C. Ord. 13, r. 1. s. u. § 48 III, 1.
[6] R.S.C. Ord. 13, r. 2.
[7] R.S.C. Ord. 65, rr. 2, 4, 5.
[8] R.S.C. Ord. 6, r. 8.
[9] R.S.C. Ord. 65, rr. 2, 3.
[10] Companies Act, 1948, s. 437 (1).
[11] R.S.C. Ord. 65, r. 3.
[12] Williams v. Piggot, (1836) 1 M. & W. 574.

Urkunden bevollmächtigt hatte[13]. Sie kann auch vertraglich abbedungen und durch eine beliebige Art der Übermittlung, etwa an einen anderen Empfangsbevollmächtigten, ersetzt werden.

Treten bei der persönlichen Zustellung Schwierigkeiten auf, kann der Kläger beim Vorverfahrensrichter die Genehmigung und Anordnung der *Ersatzzustellung im weiteren Sinn* (substituted service) nachsuchen[14]. Er muß zu diesem Zweck dem zuständigen Gericht eine eidliche Versicherung (affidavit) vorlegen, die den Nachweis darüber enthalten soll, daß die Writ-Klage ordnungsgemäß ausgefertigt war, daß persönliche Zustellung ernstlich versucht worden ist und daß die ersatzweise vorgeschlagene Art der Übermittlung die Writ-Klage aller Voraussicht nach dem Beklagten zur Kenntnis bringen wird, gegebenenfalls auch, daß der Beklagte sich der persönlichen Zustellung entzogen hat. Wenn der Vorverfahrensrichter dem Antrag stattgibt, ordnet er den Zustellungsmodus an, und zwar im allgemeinen entweder Zustellung per Post, öffentliche Zustellung oder Ersatzzustellung im engeren Sinne, d. h. an einen dem Zustellungsadressaten nahestehenden Empfänger. Die Genehmigung zum ‚substituted service' wird in der Regel nur erteilt, wenn feststeht, daß der Beklagte sich in England oder Wales, d. h. im Jurisdiktionsbereich des High Court, aufhält oder wenn dies zumindest vermutet werden kann, auch wenn sein Wohnsitz nicht bekannt ist.

Für die Zustellung der Klagebegründung (statement of claim) wird keine persönliche Zustellung verlangt; hier genügt die Übermittlung durch *normale Zustellung* (ordinary service)[15]. Sie läßt neben der Übergabe in Person die Zurücklassung des Schriftstückes an der Zustelladresse, die Übersendung per Post oder irgendeine andere vom Gericht zu bestimmende Art zu. Die Zustellung muß auch hier vom Kläger eidlich (affidavit of service) versichert werden[16].

Nachdem dem Adressaten eine Ausfertigung der Writ-Klage ausgehändigt worden ist, muß von der zustellenden Partei binnen drei Tagen ein Vermerk (indorsement of service) mit Angaben über Zeit, Ort, Art und Empfänger der Zustellung auf das im Besitz des Klägers verbliebene Original der Writ-Klage gesetzt werden. Im Falle der Zustellung an den Anwalt des Beklagten quittiert dieser den Empfang auf der an den Kläger zurückgehenden Ausfertigung[17]. Sein Vermerk ersetzt das ‚indorsement' und die eidliche Versicherung der Zustellung (affidavit of service).

---

[13] R.S.C. Ord. 10, r. 1 (2).
[14] R.S.C. Ord. 65, r. 4.
[15] R.S.C. Ord. 65, r. 5.
[16] R.S.C. Ord. 65, r. 8.
[17] R.S.C. Ord. 10, r. 1 (2); Ord. 13, r. 7 (1) (b).

2. Im *Seeprozeß* des High Court ist für die Zustellung einer Prozeßladung oder eines Arrestbefehls bei einer ‚actio in rem' ein besonderes Verfahren vorgesehen: die Zustellung an die prozeßbefangene Sache (on the property), also an das Schiff bzw. die Fracht[18]. Technisch erfolgt die Zustellung durch Anheften des Original-Dokuments am Schiff oder der Fracht. Diese besondere Zustellung kommt nur subsidiär in Betracht, wenn die reguläre Zustellung an die Gegenpartei nicht angezeigt ist[19].

3. Für Zustellungen im *County Court Prozeß*[20] gelten besondere Vorschriften, die in der Regel keinen so zwingenden Charakter haben wie die Regeln im High Court-Prozeß.

§ 41. Die Einlassung

1. Die *formelle Einlassung (appearance)* des Beklagten erfolgt durch das sog. memorandum of appearance[1]. Dieses Memorandum darf er nur dann durch die Post einsenden, wenn er sich nicht durch einen Anwalt vertreten läßt. Beauftragt er einen Anwalt mit der Wahrnehmung seiner Rechte, so muß dieser sich persönlich im Central Office des Supreme Court einfinden, um das Memorandum siegeln oder stempeln zu lassen.

Das Memorandum enthält lediglich die formale Einlassung: „Enter an appearance in this action". Ausführungen zur Sache selbst sind nicht vorgesehen. Die Einlassung muß der Beklagte dem Kläger mitteilen *(notice of appearance):* „Take notice that appearance has been entered in this action for the defendant."

2. Neben dieser normalen Einlassung sind zwei besondere Erscheinungsformen zu erwähnen: die *bedingte Einlassung (conditional appearance)* und die Einlassung unter Protest *(appearance under protest).*

Mit der bedingten Einlassung[2] behält sich der Beklagte das Recht vor, die Zuständigkeit des Gerichts (jurisdiction) zu bestreiten oder die Ordnungsmäßigkeit der Writ-Klage oder ihrer Zustellung zu rügen. Die Einlassung unter Protest[3] ist als Unterfall der bedingten Einlassung für den Fall vorgesehen, daß eine Partei, der als Partner einer Gesellschaft eine Writ-Klage zugestellt worden ist, bestreiten will, zu der in Frage kommenden Zeit Gesellschafter gewesen zu sein.

---

[18] R.S.C. Ord. 75, r. 8 (1). s. u. § 67.
[19] R.S.C. Ord. 75, r. 8 (2).
[20] C.C.R. Ord. 8.
[1] R.S.C. Ord. 12, r. 1 (3), 3.
[2] R.S.C. Ord. 12, r. 7
[3] R.S.C. Ord. 81, r. 4 (2).

Der Beklagte zeigt in diesen Fällen dem Gericht die bedingte Einlassung mit einer Vorbehaltsklausel an: „enter conditional appearance without prejudice to an application to set aside the writ." Das Gericht setzt ihm eine Frist (gewöhnlich 10 Tage), innerhalb deren er den Antrag, die Writ-Klage aufzuheben, stellen kann, mit dem Hinweis, daß die Einlassung nach Ablauf der Frist bedingungslos (unconditional) wird: "This appearance is to stand unconditional, unless the defendant applies within ... days to set aside the writ or service thereof, and obtains an order to that effect."

3. Hat der Beklagte sich zwar formell eingelassen, aber keine erhebliche Verteidigung, kann der Kläger im *beschleunigten Verfahren (summary proceedings)*[4] Erlaß des Urteils beantragen, ohne daß es noch zu einem förmlichen Schriftsatzwechsel (pleadings) und einer Hauptverhandlung kommt.

§ 42. Der formelle Schriftsatzwechsel (Pleadings) und die formelle Parteibefragung (Interrogatories)

Literatur:

Cohn, Lehre vom Schriftsatz, 1960.
Jacob, Importance of Pleading, 1960.
Löwenkamp, Die Lehre vom Schriftsatz in ausländischen Zivilprozeßsystemen, 1965.
Odgers, Principles of Pleading and Practice, 1971.

I. Mit der Einlassung des Beklagten wird ein zweiter Abschnitt des Vorverfahrens eingeleitet, der mit dem Wechsel der formellen Schriftsätze (delivery of *pleadings*) beginnt. Die vorbereitenden Schriftsätze sind im englischen Zivilprozeß formelle Prozeßhandlungen, durch die der Prozeßstoff festgelegt wird. Es besteht auch die Möglichkeit, auf Antrag eine Hauptverhandlung ohne vorherigen formellen Schriftsatzwechsel (trial without pleadings) durchzuführen[1], insbesondere im Originating-Summons-Prozeß. Als Grundsatz gilt das Prinzip der zahlenmäßigen Beschränkung der Schriftsätze.

Zunächst hat der Kläger innerhalb von 14 Tagen nach der förmlichen Einlassung des Beklagten die Klage (bei Klageerhebung durch writ of summons) zu begründen (deliver a *statement of claim*)[2].

Der Beklagte hat innerhalb von 14 Tagen danach die Klagebeantwortung *(defence)* zuzustellen[3]. Allgemein gilt für Fristen, daß jede Partei

---

[4] R.S.C. Ord. 14. s. u. § 49.
[1] R.S.C. Ord. 18, r. 21.
[2] R.S.C. Ord. 18, rr. 1, 15.
[3] R.S.C. Ord. 18, r. 2.

§ 42. Schriftsatzwechsel und Parteibefragung

der anderen Nachfrist gewähren kann. Bei Verweigerung entscheidet der Vorverfahrensrichter. Auf die Klagebeantwortung erfolgt (mit Einschränkung) die Replik *(reply)* des Klägers[4]. Weitere Schriftsätze sind in der Regel nicht vorgesehen, der Vorverfahrensrichter kann sie aber zulassen[5].

Jede Partei muß die Gegenseite so unterrichten, daß in der Hauptverhandlung eine Überraschung vermieden wird[6], denn es besteht eine in der Verfahrensordnung geregelte Substantiierungspflicht hinsichtlich der Schriftsätze[7]. Die Schriftsätze können Rechtsausführungen[8], dürfen aber keine Angaben über Beweismittel[9] enthalten.

In diesem Stadium des Verfahrens kann der Beklagte eine *Widerklage* (counterclaim)[10] erheben, auf die der Kläger erwidern kann (defence to counterclaim)[11].

Eine Partei, die einen Schriftsatz eingereicht und zugestellt hat, darf sich in der Hauptverhandlung nicht auf Tatsachen berufen, die sie nicht schriftlich vorgetragen hat und die daher der Gegenseite nicht bekannt sind. Der Hauptverhandlungsrichter kann jedoch Änderungen des formellen Schriftsatzwechsels auch noch in der Hauptverhandlung zulassen[12]. Eine Partei darf einen einmal eingereichten Schriftsatz nur unter bestimmten Voraussetzungen abändern (amendment)[13] und die Schriftsätze dürfen sich nicht widersprechen (departure)[13a].

Soweit im Vorverfahren eine Beweisaufnahme stattfindet, ist eine Beweiswürdigung in den Schriftsätzen unzulässig; sie ist der Hauptverhandlung vorbehalten.

Jede behauptete und nicht bestrittene Tatsache gilt als zugestanden; außerdem muß das Bestreiten substantiiert sein[14]. Das erste dieser Prinzipien ist auf den nächsten Schriftsatz abgestellt. Wer in diesem nicht bestreitet, hat die Behauptungen des letzten gegnerischen Schriftsatzes zugestanden.

---

[4] R.S.C. Ord. 18, r. 3 (1).
[5] R.S.C. Ord. 18, r. 4.
[6] Waghorn v. George Wimpey & Co., Ltd., (1970) 1 All E.R. 474; John G. Stein, Ltd. v. O'Hanlon, (1965) A.C. 890 (H.L.); (1965) All E.R. 547.
[7] R.S.C. Ord. 18, r. 12 (1) (2).
[8] R.S.C. Ord. 18, r. 11.
[9] R.S.C. Ord. 18, r. 7.
[10] R.S.C. Ord. 15, r. 2.
[11] R.S.C. Ord. 18, r. 3.
[12] R.S.C. Ord. 20, r. 5.
[13] R.S.C. Ord. 20.
[13a] R.S.C. Ord. 18, r. 10.
[14] R.S.C. Ord. 18, r. 13 (3).

Ein neuer Anspruch darf in einem späteren Schriftsatz nicht erhoben werden. Dazu bedarf es der Erlaubnis des Vorverfahrensrichters nach streitiger mündlicher Verhandlung (hearing) im Vorverfahren.

Der Vorverfahrensrichter hat das Recht, einen Schriftsatz für unwirksam zu erklären (strike out) oder dessen Abänderung anzuordnen, weil er unnötig ist, das Anstandsgefühl verletzt oder eine faire Führung der Hauptverhandlung zu erschweren oder zu verzögern geeignet ist. Noch weiter geht eine Vorschrift, die dem Vorverfahrensrichter gestattet, jeden Schriftsatz für unwirksam zu erklären, der keinen vernünftigen Anspruch (offensichtlich unbegründete Klagen) oder keine vernünftige Verteidigung erkennen läßt. Der Vorverfahrensrichter kann auch ex officio einen Schriftsatz streichen, insbesondere im Fall der Prozeßunfähigkeit[15]. Wenn der Schriftsatz insgesamt gesehen den Form- und Inhaltsanforderungen nicht genügt, kann der Vorverfahrensrichter ihn ganz oder teilweise für unwirksam erklären[16]; in der Regel wird dem Beklagten dann aber erlaubt, den unwirksamen Teil neu zu fassen.

II. Jede Partei kann die andere zur Spezifizierung des Schriftsatzes durch *particulars* auffordern. Die Erfüllung des Gesuchs, das zunächst formlos von Anwalt an Anwalt gerichtet wird, kann durch Antrag bei Gericht erzwungen werden, wenn es sich um Tatsachen handelt, zu deren Angabe die aufgeforderte Partei verpflichtet ist[17].

Der Schriftsatzwechsel wird im Regelfall 14 Tage nach Zugang der Replik (reply) förmlich geschlossen (close of pleadings)[18].

III. Von der Schriftsatzergänzungspflicht durch ‚particulars' ist die *förmliche Parteivernehmung* durch *interrogatories* zu unterscheiden. Die ‚interrogatories' bezeichnen ebenfalls schriftliche Fragen, die eine Partei an die andere vor der Hauptverhandlung stellen kann und die durch eidliche Versicherung (affidavit) zu beantworten sind. Der Unterschied ist jedoch folgender:

a) Die ‚particulars' ergänzen nur das formelle schriftsätzliche Vorbringen, während die ‚interrogatories' sich auf alle entscheidungserheblichen Fragen erstrecken können[19]. Als Regel gilt, daß durch ‚interrogatories' alle Fragen gestellt werden können, die auch einem Zeugen gestellt werden könnten.

---

[15] Daimler C. v. Continental Tyre C., (1916) 2 A.C. 337; Wing v. Burn, (1927/1928) 44 T.L.R. 258.
[16] R.S.C. Ord. 18, r. 19.
[17] R.S.C. Ord. 18, r. 12 (3).
[18] R.S.C. Ord. 18, r. 20.
[19] R.S.C. Ord. 26, r. 1 (1) (a).

b) ‚Particulars' dürfen nicht auf Beweisfragen gerichtet sein. Dies ist jedoch die Regel bei ‚interrogatories'.

c) ‚Interrogatories' werden in der Regel erst in der Vorverhandlung (hearing for the summons of directions) beantragt, also nach Schluß des formellen Schriftsatzwechsels (pleadings) einschließlich eventueller Spezifizierungen (particulars).

d) ‚Particulars' werden nicht unter Eid abgegeben, während ‚interrogatories' durch eine eidliche Versicherung (affidavit) verstärkt beantwortet werden, auf die die Parteien allerdings verzichten können.

Im Verfahren der formellen Parteivernehmung (interrogatories) stellt die Partei beim Vorverfahrensrichter den Antrag, die formelle Vernehmung der Gegenseite in dem spezifizierten Umfang zuzulassen. Die Zulassungsverfügung ergeht, wenn der Vorverfahrensrichter sie nach seinem Ermessen für notwendig hält, um ein faires Verfahren zu gewährleisten oder um Kosten zu sparen[20]. Die Parteibefragung darf nicht zu Ausforschungszwecken (‚fishing' interrogatories) erfolgen[21].

Die zu befragende Partei kann die Aussage verweigern, sofern sie sich auf ein Verweigerungsrecht (privileg) entsprechend der Regelung bei der Urkundenvorlegung im Vorverfahren[22] berufen kann, das eidlich geltend zu machen ist[23].

§ 43. Die mündliche Vorverhandlung (Hearing of the Summons for Directions)

Hauptquelle:
R.S.C. Ord. 25.

Literatur:
Diamond, Summons for Directions, 1959.

Spätestens einen Monat nach Schluß des formellen Schriftsatzwechsels (pleadings) muß der Kläger beim Vorverfahrensrichter den Antrag auf Erlaß des *summons for directions,* d. h. der prozeßleitenden Verfügung stellen[1], mit der die Vorbereitung der Hauptverhandlung (trial) einsetzt. Im Regelfall ist vorgesehen, daß der Kläger den Beklagten vor den Vorverfahrensrichter lädt, damit die prozeßleitende Verfügung in der (mündlichen) *Vorverhandlung* erlassen werden kann

---

[20] R.S.C. Ord. 26, r. 1 (3).
[21] Hooton v. Dalby, (1907) 2 K.B. 18; Pankhurst v. Hamilton, (1886) 2 T.L.R. 682.
[22] s. u. § 52 Ziff. 2.
[23] R.S.C. Ord. 26, r. 4.
[1] R.S.C. Ord. 25, r. 1 (1).

(hearing of the summons for directions)². Die mündliche Vorverhandlung kann aus mehreren Vorterminen bestehen³.

In der mündlichen Vorverhandlung entscheidet der Vorverfahrensrichter, ob die formellen Schriftsätze zu ergänzen sind und ob Änderungsanträgen stattzugeben ist⁴, ob und welche eidlichen Versicherungen (affidavits) beizubringen sind⁵ und ob Urkunden zusätzlich vorgelegt werden sollen (discovery). Grundsätzlich soll der Vorverfahrensrichter in der mündlichen Vorverhandlung alle Fragen regeln, die außer dem Urteilsspruch noch offenstehen und die nicht in der Hauptverhandlung selbst geklärt werden müssen. Zur Vorbereitung der Hauptverhandlung muß der Vorverhandlungsbeschluß (order giving directions) Angaben über Ort, Besetzung (mode) und ungefähren Zeitpunkt der Hauptverhandlung machen⁶. Es wird dem Kläger eine Frist gesetzt, binnen derer er die Anberaumung des endgültigen Termins zur Hauptverhandlung veranlassen muß (to set down the action for trial)⁷.

Mit diesem Vorverhandlungsbeschluß ist das Vorverfahren in der Regel abgeschlossen, und es schließt sich ein Zwischenstadium an, das der Hauptverhandlung unmittelbar vorausgeht und ihrer Vorbereitung im eigentlichen Sinne dient⁸.

§ 44. Prozessuale Einreden und Rechtsbehelfe im Vorverfahren

Literatur:

Bretten, Dismissal for Want of Prosecution, 1971.
Jacob, Inherent Jurisdiction of the Court, 1970.
Spencer Bower, Estoppel by Representation, 1966.
Winfield, Law of Abuse of Legal Procedure, 1921.

I. Im Vorverfahren muß der Beklagte auch allgemeine prozessuale Einreden und Verfahrensrügen geltend machen.

1. Die *Einrede der Unzuständigkeit* des Gerichts (want oder excess of jurisdiction) wird durch den Antrag (motion) erhoben, die Klage aus dem Prozeßregister zu streichen (to strike out the action).

2. Die *Einrede des Schiedsvertrages* (arbitration)¹ muß nach der formellen Einlassung des Beklagten, aber vor jeder weiteren Prozeß-

---

² R.S.C. Ord. 25, r. 2. Diese Vorverhandlung heißt im County-Court- Prozeß pre-trial review, s. u. § 56.
³ R.S.C. Ord. 25, r. 2 (7).
⁴ R.S.C. Ord. 25, r. 3; Ord. 20, r. 5 (1), 8.
⁵ R.S.C. Ord.25, r. 3; Ord. 38, r. 2.
⁶ R.S.C. Ord. 33, r. 4 (1).
⁷ R.S.C. Ord. 34, r. 2 (1).
⁸ s. u. § 46.
¹ Scott v. Avery, (1856) 5 H.L. Cas. 811.

§ 44. Einreden und Rechtsbehelfe

handlung geltend gemacht werden. Dies erfolgt durch einen Antrag auf einen Gerichtsbeschluß, das Verfahren einzustellen (order staying the proceedings). Der Erlaß des Beschlusses steht im Ermessen des Vorverfahrensrichters, wird aber regelmäßig gewährt[2].

3. Die *Einrede der Rechtshängigkeit* (lis alibi pendens) erfolgt durch eines Antrag auf Klageabweisung (strike out oder dismiss the action) mit der Begründung, der zweite Prozeß sei ein Verfahrensmißbrauch (abuse of the process of the court)[2a].

4. Die *Einrede der Prozeßverschleppung* (want of prosecution) kann auf Antrag wegen Verfahrensmißbrauchs zur Klageabweisung führen.

5. Die *Einrede der materiellen Rechtskraft* erfolgt durch ‚estoppel per rem judicatam'[3].

6. Bei fehlendem *Rechtsschutzbedürfnis* (abuse of the process of the court) wird die Klage aufgrund der ‚inherent jurisdiction' des Gerichts abgewiesen[4]. Feststellungsklagen hinsichtlich hypothetischer Angelegenheiten sind unzulässig[5].

7. Ist eine das Verfahren, insbesondere die Form einer Prozeßhandlung *regelnde Vorschrift verletzt*, gilt dies als bloßer prozessualer Regelverstoß (irregularity), der keine Nichtigkeit des Verfahrens bewirkt[6]. Das Prozeßgericht kann jedoch nach seinem Ermessen das ganze Verfahren oder einzelne Prozeßhandlungen für unwirksam erklären (to set aside)[7]. Die Unwirksamkeitserklärung muß jedoch unverzüglich beantragt werden, denn die Partei verliert das Rügerecht, wenn sie nach Kenntnis des Mangels weitere prozessuale Schritte unternimmt[8].

II. Gegen eine ablehnende Entscheidung des Vorverfahrensrichters gibt es zwei Arten von *Rechtsbehelfen:* Hat (etwa wegen der besonderen Bedeutung der Angelegenheit) ein Judge im Vorverfahren entschieden, gibt es gegen diese Entscheidung ein formelles Rechtsmittel im Vorverfahren (interlocutory appeal) zum Court of Appeal, der dann über die Prozeßabweisung zu entscheiden hat.

Im Regelfall geht jedoch im Vorverfahren der Rechtsbehelf (appeal) vom Unterrichter zum Oberrichter des jeweiligen Gerichts (vom County

---

[2] Arbitration Act, 1950, s. 4 (1).
[2a] Supreme Court Act, 1925, s. 41; R.S.C. Ord. 18, r. 19.
[3] s. u. § 48 IV.
[4] R.S.C. Ord. 18, r. 19.
[5] Mellstrom v. Garner, (1970) 2 All E.R. 9; (1970) 1 W.L.R. 603. Allgem. zum Feststellungsinteresse vgl. *Zamir*, Declaratory Judgements, pp. 247 et seq.
[6] R.S.C, Ord. 2, r. 1 (1).
[7] R.S.C. Ord. 2, r. 1 (2).
[8] R.S.C. Ord. 2, r. 2 (1).

Court Registrar zum Circuit Judge, vom Master zum High Court Judge usw.).

§ 45. Der Originating-Summons-Prozeß

Hauptquelle:
R.S.C. Ord. 7 und 28.

Es gibt drei Ausgestaltungen[1] des Originating-Summons-Prozesses, die seinem Zweck, ein beschleunigtes, auf Rechtsfragen konzentriertes und im wesentlichen schriftliches Verfahren zu gewähren, entsprechen: Ein rein schriftliches Verfahren, ein Verfahren mit mündlicher Verhandlung und ein Verfahren ‚ex-parte'. Das Verfahren mit mündlicher Verhandlung findet hauptsächlich Anwendung in der Queen's Bench Division.

Die Klageerhebung durch Originating-Summons folgt den gleichen Formalitäten und Zuständigkeiten wie die Writ-Klage, eine detaillierte Begründung ist dem Klageformular beizufügen[2]. Es folgen ein oder mehrere mündliche Verhandlungen (hearings)[3], eine Beweisaufnahme erfolgt im schriftlichen Verfahren nur durch eidliche Versicherung (affidavit).

Der Vorverfahrensrichter kann in jedem Prozeßstadium das Verfahren in einen Writ-Prozeß überleiten, wenn er das für erforderlich hält[4]. Er hat zu entscheiden, ob er das Verfahren selbst durch Beschluß (order) beenden kann[5], oder ob eine öffentliche mündliche Verhandlung notwendig ist[6]. Sofern dies insbesondere wegen streitiger Tatfragen der Fall ist, ordnet er in der Queen's Bench Division regelmäßig eine Hauptverhandlung (trial) und in der Chancery Division eine mündliche Verhandlung (hearing in court) an[7].

Ergeht der Beschluß, den Prozeß im Writ-Verfahren fortzusetzen, gelten die bisherigen eidlichen Versicherungen als formelle Schriftsätze, und der Vorverfahrensrichter kann jetzt noch die Urkundenvorlegung (discovery) veranlassen. Entsprechend dem Writ-Prozeß endet das Vorverfahren in diesem Fall mit der Festsetzung der Modalitäten der Hauptverhandlung im letzten Vortermin der Vorverhandlung.

---

[1] R.S.C. Ord. 7, r. 2, App. A.
[2] R.S.C. Ord. 7, r. 3 (1).
[3] R.S.C. Ord. 28, r. 3.
[4] R.S.C. Ord. 28, r. 8 (1).
[5] R.S.C. Ord. 28, r. 4 (1).
[6] R.S.C. Ord. 28, r. 9.
[7] R.S.C. Ord. 28, r. 9 (2) (3).

§ 46. Das Zwischenstadium

Hauptquelle:
R.S.C. Ord. 34.

Dem Vorverfahren, das mit dem Vorverhandlungsbeschluß (order giving directions) abschließt, folgt ein Zwischenstadium, denn das Verfahren führt nicht automatisch zu einer Hauptverhandlung. Der Kläger muß vielmehr die Sache bei Gericht in die zuständige Liste der anhängigen Verfahren eintragen lassen (setting down for trial)[1]. Der Termin ergibt sich dann aus der Geschäftsverteilung und der Reihenfolge der Eintragungen und wird einige Tage vorher durch Aushang bekannt gemacht. Unterläßt der Kläger den Eintragungsantrag, so kann der Beklagte entweder seinerseits die Hauptverhandlung beantragen oder beim Vorverfahrensrichter die Prozeßabweisung der Klage wegen mangelnder Prozeßverfolgung (want of prosecution)[2] betreiben.

In diesem Zwischenstadium wird nicht nur rein technisch die Hauptverhandlung angesetzt (setting down for trial), diese selbst wird außerdem durch bestimmte Richtergehilfen, die Associates, vorbereitet[3].

Der Hauptverhandlungsrichter am High Court wird jeweils am Nachmittag vor dem Termin vom Clerk of the Lists nach seinem Ermessen festgesetzt[4].

Kapitel III

Hauptverhandlung und Urteil

§ 47. Ablauf der Hauptverhandlung

Literatur:
Cohn, Der englische Gerichtstag, 1956.
Hamson/Plucknett, English Trial, 1952.

Die Verhandlung zur Sache in einer Hauptverhandlung wird mit dem Plädoyer (speech) des Advokaten (barrister) des Klägers eröffnet[1]. Die Partei kann jedoch auch selbst auftreten, da an den englischen Gerichten für natürliche Personen (anders bei juristischen Personen) kein Anwaltszwang besteht[2].

---

[1] R.S.C. Ord. 34, rr. 3 (1), 2.
[2] R.S.C. Ord. 34, r. 2 (2).
[3] s. o. § 27.
[4] Zum Verfahren vgl. Direction 1958, (1958) 1 W.L.R. 1291.
[1] R.S.C. Ord. 35, r. 7 (2).
[2] s. o. § 35.

Im Anschluß an das Eröffnungsplädoyer beginnt die Beweisaufnahme durch den Klägervertreter[3]. Regelmäßig wird zunächst der Kläger selbst vernommen. Der Advokat des Klägers ruft sodann seine Zeugen auf und vernimmt sie im Hauptverhör (*examination in chief*).

Anschließend kann jeder Zeuge vom Advokaten der Gegenseite in das Kreuzverhör (*cross-examination*) genommen werden, um die von dem Zeugen gemachte Aussage zu erschüttern oder wenigstens in ihrem Aussagewert herabzusetzen, wobei sich das Kreuzverhör nicht nur auf Einzelheiten der Aussage, sondern auch auf die Glaubwürdigkeit des Zeugen erstrecken kann.

Nach dem Kreuzverhör kann jede Partei die von ihr benannten Zeugen hinsichtlich neuer, erst im Kreuzverhör zutagegetretener Tatsachen oder noch bestehender Unklarheiten noch einmal einem abschließenden Rückverhör (*re-examination*) unterwerfen.

Es folgt das Plädoyer des Beklagtenvertreters, der anschließend ebenfalls Beweismittel (evidence) einbringen kann[4].

Im Anschluß an die Beweisaufnahme folgen die (Schluß-) Plädoyers der Advokaten.

In einer Hauptverhandlung mit einer Ziviljury wendet sich der Richter anschließend mit einer Zusammenfassung (summing up) des Verhandlungsverlaufs an die Geschworenen. Er macht sie dabei auf ihm wesentlich erscheinende Punkte aufmerksam, erklärt ihnen maßgebende Rechtssätze in ihrer Anwendung auf den besonderen Fall und vermittelt damit zugleich einen Eindruck von der Beweisaufnahme. In dieser richterlichen Zusammenfassung kann der Hauptverhandlungsrichter den Geschworenen ihre Aufgabe erleichtern, indem er die Rechtslage in bestimmte alternative Fragen auflöst und den Geschworenen erklärt, daß deren Beantwortung in dem einen oder anderen Sinne die Entscheidung des Prozesses für oder gegen eine der Parteien bedeutet. Nach der Beratung gibt der Sprecher der Jury dem Judge das Verdikt (verdict) hinsichtlich der Tatsachenfeststellung bekannt. Die Hauptverhandlung schließt mit dem Urteil (judgment) des Richters.

§ 48. Das Urteil und seine Wirkungen

Hauptquelle:
R.S.C. Ord. 42.

Literatur:
Cohn, Materielle Rechtskraft im englischen Recht, 1965.

---

[3] R.S.C. Ord. 35, r. 7 (3).
[4] R.S.C. Ord. 35, r. 7 (3), (4).

Heyde, Minderheitsvotum, 1966.
Mendelssohn Bartholdy, Grenzen der Rechtskraft, 1900.
Spencer Bower, Res Judicata, 1969.
Zamir, Declaratory Judgement, 1962.

I. Der *Einzelrichter* in der ersten Instanz verkündet das *Urteil* mündlich mit einer Urteilsbegründung, hat aber auch die Möglichkeit, sich eine schriftliche Entscheidung vorzubehalten (reserved judgment).

Die zweite Instanz (Court of Appeal) besteht aus *Kollegialgerichten*, in denen Voten einzeln abgegeben und kundgemacht werden. Das gleiche gilt für das House of Lords und das Judicial Committee des Privy Council. Es wird jede zustimmende oder ablehnende Entscheidung jedes am Verfahren beteiligten Oberrichters bekanntgegeben. Ein Urteil wird grundsätzlich nach dem System ‚seriatim opinion' gefällt, d. h. in öffentlicher Sitzung verkündet ein Mitglied des Gerichts nach dem anderen sein Votum. Dabei ist eine kurze Stellungnahme oder aber nur die bloße Angabe der Zustimmung oder Ablehnung *(dissenting opinion)* der Mehrheitsauffassung möglich. Die Summe der individuellen Stellungnahmen ergibt das Urteil. Die einzelnen Voten werden veröffentlicht und in den Entscheidungssammlungen abgedruckt.

Nach der Urteilsverkündung erfolgt in Chancery Prozessen die formelle Urteilsabfassung *(drawing up of the judgment)*. In Queen's Bench Prozessen muß die obsiegende Partei nur das Urteilszertifikat und das Original des Writ beim Action Department des Central Office im Supreme Court vorlegen und die Eintragung beantragen *(entry of judgment)*. Sie enthält nach der Urteilseintragung eine Ausfertigung (duplicate) des registrierten Urteils[1]. Mit der Urteilseintragung beginnen rückwirkend vom Zeitpunkt der Verkündung die Urteilswirkungen[1a].

II. Das Gericht ist an seine Entscheidung (judgment oder order) gebunden — als functus officio —, sobald sie amtlich eingetragen ist *innerprozessuale Bindungswirkung)*. In der Zeit zwischen Verkündung der Entscheidung und der Eintragung ist die Abänderungsmöglichkeit beschränkt. Schreibfehler und andere Unrichtigkeiten können vom Gericht jederzeit auf Antrag der Parteien berichtigt werden[2].

III. 1. Das englische Zivilprozeßrecht unterscheidet zwischen Endentscheidungen *(final judgments)* und sonstigen, insbesondere Zwischenentscheidungen *(interlocutory judgments* oder *orders)*[3].

---

[1] R.S.C. Ord. 42, r. 5 (4).
[1a] R.S.C. Ord. 42, r. 3 (2); Guardians of West Ham v. Churchwardens of Bethnal Green, (1895) 1 Q.B. 662.
[2] R.S.C. Ord. 20, r. 11 (die sog. ‚slip rule').
[3] R.S.C. Ord. 13, rr. 1 - 4; Ord. 19, r. 2 - 5. Smith v. Cowell, (1880) 6 Q.B.D. 75, 78

Zum Endurteil führen können nur Klagen auf eine bestimmte oder berechenbare vertraglich geschuldete Summe, sogenannte ‚liquidated demand'[4], und Klagen auf Herausgabe eines Grundstückes[5]. Geht die Klage auf eine unbestimmte, noch festzusetzende Summe (‚unliquidated demand')[6], beispielsweise auf Schadensersatz wegen unerlaubter Handlung, auf Herausgabe von Waren oder auf Wertersatz[7], erhält der Kläger nur ein Zwischenurteil (interlocutory judgment) über den Grund des Anspruchs. Der Kläger erlangt in diesem Fall erst ein Endurteil (final judgment), nachdem die offene Schadenshöhe bzw. der Wert in einem besonders geregelten Verfahren, das in der Regel vor einem Unterrichter durchgeführt wird, festgesetzt worden ist[8]. Der Beklagte muß von diesem Termin benachrichtigt werden und kann selbst dann aktiv teilnehmen, wenn das Zwischenurteil ein Versäumnisurteil ist. Da die verschiedenen Klageansprüche kombiniert werden können (mixed claims), sind auch gemischte Urteile möglich[9].

2. Als weitere Form der Zwischenentscheidung gibt es das *interim judgment*, ein echtes Zwischenurteil, das auch über einen entscheidungsreifen Punkt der Sachentscheidung möglich ist[10].

3. Der englische Zivilprozeß unterscheidet zwischen Feststellungsurteilen *(declaratory judgments)*[10a] und Exekutivurteilen *(executory judgments)* und zwischen *judgments in rem* und *judgments in personam*, d. h. Urteilen mit absoluter und mit relativer Rechtskraftwirkung. Darüber hinaus kennt der Seeprozeß die actio in rem als besonderen Konfiskations- und Prisenprozeß, der mit einem entsprechenden Urteil schließt. Alle Urteile ‚in rem' sind konstitutiv, d. h. sie stellen den Status der Sache nicht fest, sondern schaffen ihn.

IV. Die Lehre vom Geltendmachen der *materiellen Rechtskraft* von Urteilen beruht auf der Institution ‚estoppel', die zum Beweisrecht (evidence) gehört und eine allgemeine Lehre über prozessuale Einreden darstellt. Die spezifische Einrede der Rechtskraft heißt *estoppel per rem judicatam* bzw. estoppel by record und muß im Vorverfahren schriftsätzlich geltend gemacht werden[11]. Die Urteile aller (zuständigen) Ge-

---

[4] R.S.C. Ord. 13, r. 1; Ord. 19, r. 2.
[5] R.S.C. Ord. 13, r. 4; Ord. 19, r. 5.
[6] R.S.C. Ord. 13, r. 2; Ord. 19, r. 3.
[7] R.S.C. Ord. 13, r. 3; Ord. 19, r. 4.
[8] R.S.C. Ord. 37.
[9] R.S.C. Ord. 13, r. 5; Ord. 19, r. 6.
[10] R.S.C. Ord. 33, r. 3. Vgl. Everett v. Ribbands, (1952) 2 Q.B. 198; (1952) 1 All E.R. 832; Carl-Zeiss-Stiftung v. Herbert Smith & Co., (1969) 1 Ch. 93; (1968) 2 All E.R. 1002.
[10a] R.S.C. Ord. 15, r. 16.

richte sind der materiellen Rechtskraft fähig, allerdings nur Sachurteile. Ein prozessuales Zwischenurteil (interlocutory judgment) kann kein estoppel erzeugen.

Die Lehre von der materiellen Rechtskraft folgt einer materiellen Theorie, d. h. das (richtige) Urteil schafft für das festgestellte Recht einen neuen selbständigen Grund[12]. Das streitbefangene Recht erlischt (merger)[13].

Die Rechtskraftwirkung der judgments in personam beschränkt sich auf die Parteien[13a], erstreckt sich aber bei der Repräsentantenklage auch auf die Repräsentierten[14]. Es gibt Fälle der Rechtskrafterstreckung auf Dritte, sog. Privies[15].

V. Alle Urteile sind grundsätzlich vollstreckbar; die *Vollstreckbarkeit* kann jedoch ausgesetzt werden *(stay of execution)*[16].

Kapitel IV

Das summarische und das Versäumnisverfahren

§ 49. Das summarische Verfahren

Hauptquelle:
R.S.C. Ord. 14.

Das summarische Verfahren erstrebt eine beschleunigte endgültige Entscheidung in solchen Fällen, in denen der Beklagte nicht wenigstens darlegen kann, daß Einwendungen oder Streitpunkte vorhanden sind, die ein ordentliches Verfahren mit einer Hauptverhandlung (trial) rechtfertigen[1]. Es handelt sich um ein einstufiges Erkenntnisverfahren nach der förmlichen Einlassung, aber ohne formellen Schriftsatzwechsel und ohne Hauptverhandlung. Aufgrund des klägerischen Antrags wird nur eine mündliche Verhandlung (hearing)[2] anberaumt, nach

---

[11] Vgl. Ralli v. Moor Line, (1925) 22 Ll.L.R. 530.
[12] Vgl. *Walker/Walker*, p. 303: "The judgment creditor's rights in respect of which he brought the action are extinguished by the judgment. In their place he has a judgment debt." — Diese Wirkung ist beschränkt auf Urteile, Coote v. Ford, (1899) 2 Ch. 93.
[13] Economic Life Assurance v. Usborne, 71 L.J. (P.C.) 37; (1902) A.C. 152. Zur Frage der Verzinsung der Urteilsforderung s. Judgments Act, 1838, s. 17.
[13a] Vgl. ‚res inter alios acta', Hollington v. Hewthorn, (1943) K.B. 587, 596.
[14] R.S.C. Ord. 15, r. 12 (3); s. o. § 34 III, 2.
[15] Bagot Co. v. Clipper C., (1901) 1 Ch. 196; (1902) 1 Ch. 146; Beverley's Case, 4 Rep. 123, 124.
[16] R. S. C. Ord. 14, r. 3 (2).
[1] R.S.C. Ord. 14, r. 1 (1).
[2] R.S.C. Ord. 14, r. 3.

deren Schluß bereits das Urteil ergehen kann. Ist der Beklagte zu dieser mündlichen Verhandlung nicht erschienen, hat er einen besonderen Rechtsbehelf: er kann Urteilsaufhebung beim Prozeßgericht beantragen, die ins Ermessen des Gerichts gestellt ist[3].

Der Beklagte obsiegt im summarischen Verfahren in dem Sinn, daß seine Verteidigung zugelassen wird (leave to defend) und der Kläger kein Urteil im summarischen Verfahren *(summary judgment)* erhält, und zwar obsiegt er schon dann, wenn er seine Einwendungen nur hinreichend darlegt[4]. Der Beklagte hat nicht den vollen Beweis zu führen, es genügt darzutun, daß er angemessene Gründe zu seiner Verteidigung hat. Die Zulassung der Verteidigung muß erteilt werden, es sei denn, das Vorbringen des Beklagten ist offensichtlich unerheblich[5].

§ 50. Das Versäumnisverfahren

Literatur:

Linke, Versäumnisentscheidungen im englischen Recht, 1972.
Steuerwald, Versäumnisverfahren, 1938.

Versäumnisurteile (judgments in default) beruhen bis auf den seltenen Fall des Nichterscheinens zur Hauptverhandlung (trial) auf der Versäumung von Parteihandlungen. Nicht jede Versäumung führt jedoch zwingend zu einem Versäumnisurteil.

I. *Im ordentlichen Verfahren am High Court* stellen sich die einzelnen Säumnisfälle, die Voraussetzungen zum Urteilserlaß und die möglichen Versäumnisentscheidungen folgendermaßen dar:

a) Wenn der Beklagte sich nicht innerhalb der in der Writ-Klage angegebenen Frist einläßt, kann der Kläger bei einer Reihe von Ansprüchen[1] eine Säumnisurkunde (certificate of non-appearance) im Action Department beantragen und damit ein Versäumnisurteil *(judgment in default of appearance)* erwirken; bei allen anderen Klageansprüchen nimmt das Verfahren ungeachtet der Säumnis seinen Fortgang[2]. Die Klageforderungen werden dabei nach dem materiell-rechtlichen Charakter des Anspruchs unterschieden. Bei den nicht enumerativ aufgeführten Ansprüchen muß der Kläger als nächstes dem Beklagten seine Klagebegründungsschrift (statement of claim) zustellen, falls sie nicht schon der Writ-Klage beigefügt war. Läßt der Beklagte sich daraufhin noch ein, wird die Säumnis geheilt[3].

---

[3] R.S.C. Ord. 14, r. 11.
[4] R.S.C. Ord. 14, r. 4.
[5] R.S.C. Ord. 14, r. 3 (1).
[1] R.S.C. Ord. 13, rr. 1 - 4. Zu Versäumnisentscheidungen im streitigen probate-Verfahren s. R.S.C. Ord. 76, rr. 6, 10.
[2] R.S.C. Ord. 13, r. 6.
[3] R.S.C. Ord. 13, r. 6; Ord. 18, r. 1.

§ 50. Versäumnisverfahren

Bleibt der Beklagte nach der Zustellung der Klagebegründung (statement of claim) säumig, d. h. stellt er keine Klagebeantwortung (defence) zu, kann der Kläger ein Versäumnisurteil wegen ‚*default of appearance and of defence*' erwirken[4].

b) Die Versäumnis wegen Nichteinlassung kann nur auf seiten des Beklagten entstehen, während die Säumnisfälle beim formellen Schriftsatzwechsel *(default of pleadings)* bei beiden Parteien auftreten können.

Der Kläger wird säumig, wenn er die Klagebegründung dem Beklagten nicht fristgemäß übermitteln läßt *(default in service of statement of claim)*[5]. Der Beklagte kann in diesem Fall beim Vorverfahrensrichter Prozeßabweisung (order to dismiss the action) beantragen. Ist die Klagebegründung unvollständig, d. h. begründet sie nicht den gesamten Klageanspruch, kann der Beklagte beantragen, dem Kläger eine Frist für die Vervollständigung zu setzen und nach deren Ablauf Abweisung der gesamten Klage verlangen.

Stellt der Beklagte die Klagebeantwortung nicht fristgemäß zu, nimmt er sie zurück oder wird sie vom Vorverfahrensrichter für ungültig erklärt und nicht ersetzt *(default of defence)*, kann der Kläger je nach der sachlichen Natur seines Anspruchs verschiedene Versäumnisurteile verlangen[6].

Eine Variation des Schriftsatzsäumnisses (default of pleadings) stellt das Spezifizierungssäumnis *(default in giving particulars)*[7] dar. Kommt der Gegner dem Ersuchen auf Spezifizierung auch nach gerichtlicher Aufforderung nicht nach, kann der Vorverfahrensrichter das Parteivorbringen, zu dessen Ergänzung die ‚particulars' angeordnet wurden, aus den formellen Schriftsätzen streichen. Er kann auch bei Versäumung auf seiten des Klägers die Klage abweisen oder, wenn der Beklagte säumig ist, die Klagebeantwortung (defence) streichen, und das wiederum kann bei nicht fristgerechter Nachreichung zum Versäumnisurteil wegen default of defence führen.

c) Ein weiterer Fall ist die *Säumnis bei der formellen Parteibefragung (interrogatories)*. Gegen die säumige Partei kann das Gericht eine Verfügung nach seinem Ermessen erlassen (as it thinks just), dazu gehören insbesondere Klageabweisung oder Streichung der Klagebeantwortung (defence) und als allerletztes Mittel auch eine Ordnungsstrafe wegen ‚contempt of court'[8].

---

[4] R.S.C. Ord. 19, r. 7; Ord. 13, r. 6.
[5] R.S.C. Ord. 19, r. 1.
[6] R.S.C. Ord. 19, rr. 2 - 7.
[7] R.S.C. Ord. 18, r. 12. Davey v. Bentinck, (1893) 1 Q.B. 185 (C.A.).
[8] R.S.C. Ord. 26, r. 6.

Die gleichen Versäumnisfolgen treten bei der Versäumung der Urkundenvorlegung im Vorverfahren *(default in discovery or inspection of documents)*[9] ein. Hat der Vorverfahrensrichter nach Abschluß der formellen Schriftsätze diese Urkundenvorlegung angeordnet, so wird die Partei säumig, wenn sie die Bekanntgabe oder die Vorlage der Urkunden verzögert.

d) Verzögert der Kläger den Antrag auf Erlaß des Vorverhandlungsbeschlusses und damit den Abschluß des Vorverfahrens *(default in issuing summons for directions)*, dann steht es dem Beklagten je nach seinem Interesse an einer Entscheidung frei, entweder selbst diesen Beschluß oder einen Klageabweisungsbeschluß (order to dismiss the action) zu beantragen[10]. Der Vorverfahrensrichter braucht dem Abweisungsantrag nicht zu folgen; er kann ihn als Antrag auf einen Vorverhandlungsbeschluß behandeln, worauf das Verfahren ohne Säumnisfolgen fortgesetzt wird[11].

e) Versäumt der Kläger die für den Antrag auf Anberaumung der Hauptverhandlung gesetzte Frist *(default in setting down for trial)*, kann der Beklagte entweder selbst die Eintragung in die Verfahrensliste veranlassen oder Klageabweisung beantragen[12].

f) Erscheint eine Partei bei Aufruf der Sache in der Hauptverhandlung (trial) nicht, wird in ihrer Abwesenheit verhandelt[13]. Der allein tätige Kläger muß sein Vorbringen beweisen, soweit ihm die Beweislast obliegt; der allein tätige Beklagte kann Klageabweisung beantragen. Bei der Bedeutung der Hauptverhandlung und der gegenseitigen Rücksichtnahme zwischen den Advokaten und Richtern ist ein solcher Fall von Säumnis in der Praxis außerordentlich selten. Das Verfahren vor der Queen's Bench Division kennt kein Versäumnisurteil wegen Säumnis in einem späteren Zeitpunkt der Hauptverhandlung, es ergeht in diesem Fall ein Urteil aufgrund des bisher in streitiger Verhandlung zusammengetragenen Prozeßstoffes.

II. Die tätige Partei erhält nur dann ein Versäumnisurteil, wenn die formellen Voraussetzungen dafür gegeben sind. Für die Zulässigkeit des *judgment in default of appearance* muß die Writ-Klage dem Beklagten ordnungsgemäß zugestellt worden und die Einlassungsfrist muß verstrichen sein[14].

---

[9] R.S.C. Ord. 24, r. 16. Zur Urkundenvorlegung s. u. § 52.
[10] R.S.C. Ord. 25, r. 1 (4).
[11] R.S.C. Ord. 25, r. 1 (5).
[12] R.S.C. Ord. 34, r. 2 (2).
[13] R.S.C. Ord. 35, r. 1 (2).
[14] R.S.C. Ord. 13, r. 7.

§ 50. Versäumnisverfahren

Für das *judgment in default of defence* bedarf es der vorherigen Zustellung der Klagebegründung (statement of claim) und des Ablaufs der Beantwortungsfrist. Ein Zustellungsnachweis für die Writ-Klage ist hier nicht notwendig, da der Beklagte sich eingelassen hat. Bei den übrigen Versäumnisurteilen müssen die im Einzelfall bestimmten Fristen verstrichen sein.

Das Vorlegen einer Zustellungsurkunde (indorsement of service) ist zwingende Zulässigkeitsvoraussetzung für den Erlaß eines Versäumnisurteils[15]. Außerdem wird vom Kläger eine eidliche Zustellungsversicherung (affidavit of service)[16] verlangt.

Die tätige Partei kann bei Vorliegen der Voraussetzungen ein Versäumnisurteil verlangen, muß es aber nicht. Wenn der Kläger beispielsweise glaubt, mit einem Versäumnisurteil nicht völlig befriedigt zu werden, kann er den Prozeß ungeachtet der Säumnis fortführen. Verzögert die Partei den Antrag, so kann der Gegner seine Säumnis in der Regel noch heilen. Der wegen *default of appearance* säumige Beklagte kann sich bis zum Antrag des Gegners noch einlassen; er darf jedoch die zwischenzeitlich versäumten sonstigen Prozeßhandlungen nicht ohne weiteres nachholen, so daß die Voraussetzungen eines anderen Versäumnisurteils gegeben sein können[17].

Die Säumnis des Klägers wegen *default of statement of claim* ist durch nachträgliche Zustellung des Schriftsatzes heilbar, solange der Vorverfahrensrichter noch nicht über den Klageabweisungsantrag entschieden hat. Entsprechendes gilt für den wegen *default of defence* säumigen Beklagten.

Nicht alle Versäumnisurteile sind bereits vollstreckungsfähige Endurteile (final judgments), da auch ein Zwischenversäumnisurteil (interlocutory judgment in default) möglich ist.

III. Der *County Court-Prozeß* kennt neben dem ordentlichen Verfahren eine besondere Zahlungsklage, die als Säumnisklage (default action) bezeichnet wird und besonderen Vorschriften unterliegt[18].

IV. Im *Magistrates' Court-Prozeß* kann, wenn der Antragsgegner auf den die Klage einleitenden Antrag (complaint) nicht in der mündlichen Verhandlung erscheint, bei Nachweis der Zustellung in seiner Abwesenheit verhandelt werden[19].

---

[15] R.S.C. Ord. 10, r. 1 (4).
[16] R.S.C. Ord. 13, r. 7; Ord. 65, r. 8.
[17] R.S.C. Ord. 12, r. 6 (2).
[18] C.C.R. Ord. 6.
[19] Magistrates' Courts Act, 1952, s. 47.

Kapitel V

Stadien der Beweisaufnahme

§ 51. Allgemeine Grundsätze des Beweisrechts

Literatur:

Cockle, Evidence, 1963.
Cohn, Beweisaufnahme durch das englische Gericht, 1968.
Cross/Wilkins, Evidence, 1971.
Cowen/Carter, Evidence, 1956.
Newman, Englisch-Amerikanisches Beweisrecht, 1949.
Nokes, Evidence, 1967.
Phipson, Evidence, 1970.
Schwering, Beweislast im englisch-amerikanischen Zivilprozeß, 1969.
Stock, Beweislast nach anglo-amerikanischem Recht, 1967.

Im englischen Verfahrensrecht ist zwischen der Beweisaufnahme im Vorverfahren und der Beweisaufnahme in der Hauptverhandlung zu unterscheiden.

Entsprechend dem Grundsatz, daß das Vorverfahren im wesentlichen schriftlich und die Hauptverhandlung mündlich ist, werden im Vorverfahren die schriftlichen Beweismittel vorgelegt und die mündlichen Beweise regelmäßig erst in der Hauptverhandlung erhoben. Zeugen[1] und Sachverständige[2] können aber auch schon im Vorverfahren geladen werden.

Die Beweisaufnahme in der Hauptverhandlung ist grundsätzlich mündlich und öffentlich[3]. Das Gericht darf gerichtsbekannte Tatsachen verwerten *(doctrine of judical notice)*[4]. Im Zivilprozeß ist das Verbot des Beweises vom Hörensagen *(hearsay evidence)* im wesentlichen aufgehoben[5]. Ein Zeuge braucht sich grundsätzlich mit seiner Aussage nicht selbst zu belasten[6]. Hinsichtlich der Beweislast ist zwischen objektiver Beweislast (burden of proof) und subjektiver Beweis(führungs)last (burden of producing evidence) zu unterscheiden.

---

[1] R.S.C. Ord. 32, r. 7.
[2] R.S.C. Ord. 32, r. 16.
[3] R.S.C. Ord. 38, r. 1.
[4] Dennis v. A. J. White, (1916), 2 K.B.
[5] Civil Evidence Act, 1968, ss. 1 - 10.
[6] Lamb v. Muster, (1882) 10 Q.B.D. 110. Blunt v. Park Lane Hotel Ltd., (1942) 2 K.B. 243; Civil Evidence Act, 1968, ss. 14, 16.

§ 52. Die vorbereitende Beweisaufnahme im Vorverfahren
(Affidavits, Discovery)

Literatur:
Park, Discovery and Inspection, 1967.

1. *Affidavits* sind Versicherungen, die im Vorverfahren schriftlich abgegeben und beschworen werden („I make oath and say as follows"). Der Erklärende (deponent) und das Verfahren (cause or matter) sind im ‚affidavit' anzugeben[1], und die Sachdarstellung für die Hauptverhandlung muß sich auf solche Tatsachen beschränken, die der Erklärende aus eigener Wahrnehmung kennt[2]. Eidliche Versicherungen im Vorverfahren können auch Ansichten enthalten[3]. Der schriftlichen Erklärung folgt der Eidesvermerk (jura), der vom die eidliche Versicherung Abnehmenden zu unterschreiben ist[4].

2. *Discovery and inspection of documents* (Urkundenvorlegung) ist ein besonderes Beweisverfahren, bei dem eine Partei den Verfahrensbeteiligten die in seinem Besitz befindlichen entscheidungserheblichen Urkunden vorlegt.

Es besteht eine Vorlegungspflicht (korrespondierend mit dem Recht auf Einsichtnahme): Die Parteien müssen im Regelfall im Writ-Prozeß innerhalb einer Frist von 14 Tagen nach Schluß des formellen Schriftsatzwechsels (close of pleadings) die Urkunden-Vorlegung durch Austausch von formalisierten Verzeichnissen durchführen[5]. Bei Unterlassung kann ein entsprechender richterlicher Beschluß ergehen[6].

Mit der Zustellung des Verzeichnisses muß die Partei der Gegenpartei auch Mitteilung über die Möglichkeit der Urkundseinsicht *(inspection)* machen. Das Recht auf Urkundseinsicht umfaßt das Recht, Abschriften bzw. Photokopien zu machen.

Im Streitfall ergeht ein besonderer Vorlegungsbeschluß durch den Vorverfahrensrichter, dem erforderlichenfalls (etwa bei Streit über die Entscheidungserheblichkeit) dessen Einsichtnahme in die Urkunden vorausgeht.

Das Recht auf Einsichtnahme erstreckt sich auf jede Urkunde, auf die eine der Parteien sich beruft[7]. Es ist jedoch bei sog. privilegierten Urkunden (documents privileged from production) ausgeschlossen.

---

[1] R.S.C. Ord. 41, r. 1 (1), (4).
[2] R.S.C. Ord. 41, r. 5 (1).
[3] R.S.C. Ord. 41, r. 5 (2).
[4] R.S.C. Ord. 41, r. 1 (8).
[5] R.S.C. Ord. 24, r. 2.
[6] R.S.C. Ord. 24, r. 3.
[7] R.S.C. Ord. 24, r. 10.

Privilegiert sind Urkunden, die nur relevant sind im Hinblick auf eine der Parteien (the deponent's own case); Urkunden, deren Inhalt den Inhaber strafrechtlicher Verfolgung aussetzen könnte (incriminating documents); Urkunden mit rechtspflegebezogenen Privilegien (documents attracting legal professional privilege) und Urkunden, deren Vorlegung das öffentliche Interesse verletzen würde[8].

§ 53. Beweisaufnahme in der Hauptverhandlung

Literatur:
Wrottesley, Examination of Witnesses, 1961.

Die Beweisaufnahme in der Hauptverhandlung erfolgt im wesentlichen durch Verlesung bzw. Vorzeigen der im Vorverfahren erhobenen Beweise (affidavits, inspection of documents) und durch Vernehmung der Zeugen[1].

Die *Zeugenvernehmung* (examination of witnesses) erfolgt in der Weise, daß der Advokat der Partei, die den Zeugen benannt hat, Fragen an diesen richtet. Die Fragen dürfen in der Regel nicht so gestellt werden, daß die gewünschte Antwort daraus ersichtlich ist (leading questions). Der Zeuge darf nur mit Einschränkungen über Tatsachen aussagen, die ihm nicht aus eigener Wahrnehmung bekannt sind[2]. Ein sachverständiger Zeuge (expert witness) wird über Fragen seiner Wissenschaft oder Kunst befragt, sofern seine Antwort Aufschluß über streitige Punkte verspricht.

Das erste Verhör der Zeugen durch die Partei, die sie benannt hat, heißt Hauptverhör (examination-in-chief). Hierauf folgt das Kreuzverhör (cross-examination) durch den Advokaten der Gegenpartei und eventuell ein Rückverhör (re-examination).

Nach geltendem Recht gibt es fast keine Personen, die nicht als Zeugen zulässig sind, doch gibt es Fälle, in denen die Ablegung von Zeugnis nicht erzwungen werden kann (Zeugnisverweigerungsrecht, privileg of witness)[3].

Die Zeugen werden in der Regel vereidigt, und zwar vor ihrer Aussage. Die Parteien können sich selbst als Zeugen vernehmen lassen, ihre Aussage wird aber nicht anders behandelt, als die der anderen Zeugen.

---

[8] Vgl. Crown Proceedings Act, 1947, s. 28.
[1] R.S.C. Ord. 38, rr. 1, 2.
[2] Civil Evidence Act, 1968, ss. 1 - 10.
[3] Civil Evidence Act, 1968, ss. 14 - 17.

Kapitel VI

§ 54. Klage in einer District Registry

Literatur:
Humphreys, District Registry Practice and Procedure, 1971.

Da der High Court ein erstinstanzliches Gericht mit unbeschränkter örtlicher Zuständigkeit ist, bestehen als lokale Zweigstellen des High Court zur Durchführung des Vorverfahrens District Registries, die mit District Registrars besetzt sind[1].

Für die District Registries finden die Rules of the Supreme Court und die Masters' Practice Directions Anwendung. Für den District Registrar gelten damit die gleichen Verfahrensvorschriften wie für den Master, und seine Zuständigkeit unterliegt den gleichen Einschränkungen[2].

Da der District Registrar sich nicht des Central Office in London als der Geschäftsstelle des High Court bedienen kann, besteht eine lokale Geschäftsstelle, für die die Verfahrensvorschriften des Central Office entsprechend anzuwenden sind[3]. Die Funktionsteilung im High Court zwischen Master und Taxing Officer entfällt für die District Registry: ein District Registrar ist auch für die Kostenfestsetzungsverfahren der in seiner Zweigstelle abgeschlossenen Prozesse zuständig[4]. Die District Registrars verschiedener District Registries können sich gegenseitig vertreten[5].

Wird im Writ-Prozeß bei einer District Registry Klage erhoben, kann dem Klageformular eine Erklärung beigefügt werden, daß der Streitgegenstand gänzlich oder teilweise im Bezirk der betreffenden District Registry entstanden ist[6]. Der Beklagte muß sich in diesem Fall in dieser District Registry förmlich einlassen (enter an appearance), die somit ausschließlich zuständig ist.

In einer District Registry anhängige Verfahren können, unter Umständen müssen an den High Court, Verfahren am High Court können an eine District Registry verwiesen werden[7]. Die Verweisung an eine District Registry in einem Prozeß, bei dem die Krone Partei ist, bedarf deren Zustimmung[8]. Wird gegen die Krone in einer District Registry geklagt, so braucht sie sich nur in London einzulassen, um das Ver-

---

[1] s. o. § 17.
[2] R.S.C. Ord. 32, r. 23.
[3] R.S.C. Ord. 63, r. 11; das Verfahren der Registry ist ein Chambers-Verfahren, vgl. Ord. 32, rr. 23, 24.
[4] R.S.C. Ord. 62, rr. 12 (4), (5).
[5] Administration of Justice Act, 1956, s. 13.

fahren von der Zweigstelle an das Zentralgericht zu bringen[9]. Die Krone hat hier also eine Wahlmöglichkeit.

Kommt es bei einem bei einer District Registry anhängigen Verfahren zu einer streitigen Hauptverhandlung (trial), wird die Sache entweder an die entsprechende Hauptabteilung des High Court in London verwiesen, oder die Hauptverhandlung wird an einer lokalen Gerichtsstelle des High Court (trial center) durchgeführt.

Grundsätzlich gibt es gegen Entscheidungen des District Registrar die gleichen Rechtsmittel, wie wenn ein Master oder Registrar der drei Hauptabteilungen tätig geworden wäre[10].

---

[6] R.S.C. Ord. 6, r. 4.
[7] R.S.C. Ord. 4, r. 6.
[8] R.S.C. Ord. 77, r. 2 (1).
[9] R.S.C. Ord. 77, r. 2 (2); Ord. 4, rr. 6, 3.
[10] R.S.C. Ord. 58, r. 4 (1).

Abschnitt II

Der Gang des Verfahrens an den übrigen Zivilgerichten

§ 55. Die Selbständigkeit der Verfahrensordnungen

Die County Courts und die Magistrates Courts haben eigene Verfahrensordnungen, die von den für den High Court geltenden Rules of the Supreme Court unabhängig sind. Sofern die Verfahrensordnung der County Courts (County Court Rules) oder ein formelles Gesetz (statute) keine Regelung einer Verfahrensfrage vorsehen, sind die Rules of the Supreme Court subsidiär anwendbar[1].

§ 56. Das Verfahren am County Court

Hauptquellen:
County Court Rules 1936.
County Courts Act, 1959.

Literatur:
McCleary, County Court Precedents, 1973.
Collins, County Court Practice, 1974.
Ruttle, County Court Practice, 1972.
Witchell, Practice and Procedure Vol. I, 1972.

I. Die *Klageerhebung*[1] im County Court-Prozeß erfolgt in der Weise, daß der Kläger (plaintiff) ein Ladungsgesuch (request for the summons) zusammen mit der Klagebegründung (particulars of claim) dem Gericht einreicht. Das Ladungsgesuch enthält die Bezeichnung der Parteien und des angerufenen Gerichts und die Klageforderung. Nach Einzahlung der Gerichtskosten erhält der Kläger die ‚plaint note', aus der sich ergibt, an welchem Tage die Klage eingereicht wurde und welches Aktenzeichen sie erhalten hat.

An vielen County Courts ist es üblich, alle Verfahren zunächst dem Registrar zuzuschreiben, da dieser in allen Fällen, in denen sich der Beklagte nicht einläßt oder die Klageforderung anerkennt, ohne Rücksicht auf den Streitwert das Urteil erläßt. In anderen County Courts werden die Sachen von vornherein nach dem Streitwert entweder dem

---

[1] County Courts Act, 1959, s. 103. Williamson v. Rider, (1963) 1 Q.B. 89; (1962) 2 All E.R. 268.

Circuit Judge oder dem Registrar überwiesen. Die Parteien können die Zuständigkeit des Registrar auch bei höherem Streitwert prorogieren[2].

Nach der Geschäftszuweisung erläßt das Gericht die Ladung (summons) des Beklagten, wobei zwei Arten zu unterscheiden sind:

Im Fall des *ordentlichen Verfahrens (ordinary summons)*[3] wird der Beklagte nicht nur zur Stellungnahme aufgefordert, sondern es wird bereits jetzt ein Termin zur mündlichen Verhandlung festgelegt.

Im *Versäumnisverfahren (default summons)* tritt an die Stelle der Ladung zur mündlichen Verhandlung der Hinweis, daß der Kläger Urteil ohne mündliche Verhandlung verlangen kann, falls der Beklagte nicht binnen acht Tagen die Einlassung erklärt. Mit diesem (beschleunigten) Verfahren können nur der Höhe nach bestimmte Geldforderungen geltend gemacht werden mit Ausnahme der Forderungen von Geldverleihern sowie durch Abtretung erworbene Forderungen und solche gegen Jugendliche.

Die Ladung zusammen mit einer Abschrift der Klagebegründung muß dem Beklagten durch Vermittlung des Gerichts oder durch den Kläger bzw. dessen Solicitor zugestellt werden[4]. Der Ladung ist ein für den Beklagten bestimmtes Formular beigefügt, auf dem er die Klage beantworten kann. Dieses Formular hat drei Abschnitte:

Der erste Abschnitt ist auszufüllen, wenn der Beklagte die Klageforderung nicht bestreitet, aber um Stundung der Ratenzahlungen bittet. Es sind dann Fragen nach den Einkommens- und Vermögensverhältnissen zu beantworten. Der zweite Abschnitt gibt dem Beklagten Gelegenheit, die Klage kurz zu erwidern, falls er bestreitet, und der dritte Abschnitt ist für die eventuelle Geltendmachung einer Gegenforderung nebst Begründung bestimmt.

Die *Stellungnahme des Beklagten (defence)* wird dem Kläger vom Gericht schriftlich mitgeteilt. Hat der Beklagte lediglich Stundung bis zu einem bestimmten Termin oder Ratenzahlung vorgeschlagen, und hat sich der Kläger mit diesen Vorschlägen dem Gericht gegenüber einverstanden erklärt, so erläßt der County Court Registrar als unterer Richter ein entsprechendes Urteil ohne mündliche Verhandlung. Widerspricht dagegen der Kläger diesen Vorschlägen, so bleibt es bei dem ursprünglich festgesetzten Termin, und im Versäumnisverfahren (default) wird ein Termin vor dem Registrar anberaumt, in dem dieser

---

[1] C.C.R. Ord. 6, r. 1.
[2] C.C.R. Ord. 22, 23.
[3] C.C.R. Ord. 6, r. 2.
[4] C.C.R. Ord. 8, r. 8.

nach Anhörung der Parteien ein Urteil erläßt, das die Vorschläge des Beklagten berücksichtigt.

Hat sich der Beklagte nicht eingelassen, ergeht im *Versäumnisverfahren* ein Urteil nach Antrag, während es im *ordentlichen Verfahren* bei dem in der Ladung genannten Termin bleibt. In diesem Termin muß der Kläger, auch wenn der Beklagte nicht vertreten ist, Beweis durch Zeugen usw. führen, es sei denn, er kann eine entsprechende eidesstattliche Versicherung (affidavit) beibringen.

Hat der Beklagte der Klageforderung widersprochen (defence) bzw. eine Widerklage (counterclaim) erhoben, so verläuft das *Vorverfahren* wie folgt:

Es können die entsprechenden Anträge auf Discovery und Inspection[5], Particulars[6] usw. gestellt werden, über die der Registrar entscheidet. Entsprechend dem ‚summons for directions' des High Court-Prozesses findet eine besondere Vorverhandlung *(pre-trial review)* vor dem Registrar statt[7].

Die *Hauptverhandlung* (trial) verläuft nach den Grundsätzen der Verhandlung vor der Queen's Bench. Das Urteil wird regelmäßig im Anschluß verkündet.

II. Für das Verfahren am *Registrars' Court* bestehen besondere Vorschriften, die insbesondere der Prozeßbeschleunigung dienen[8]. Die mündliche Verhandlung (hearing) vor dem Registrar erfolgt nach annähernd gleichen Grundsätzen wie die Hauptverhandlung (trial) vor dem Circuit Judge[9].

§ 57. Die Verfahren am Magistrates' Court in Zivilsachen

Hauptquellen:

Magistrates' Courts Act, 1952.
Matrimonial Proceedings (Magistrates' Courts) Act, 1960.
Magistrates' Courts Rules 1968.
Magistrates' Courts (Forms) Rules 1968.

Literatur:

Brook-Taylor, Magistrates' Courts Handbook, 1972.
Oke, Magisterial Formulist, 1972.
Pugh, Matrimonial Proceedings before Magistrates, 1974.
Witchell, Practice and Procedure Vol. I, 1972.

---

[5] C.C.R. Ord. 14, rr. 2, 3.
[6] C.C.R. Ord. 7.
[7] C.C.R. Ord. 6, r. 3 (3).
[8] C.C.R. Ord. 22.
[9] C.C.R. Ord. 23.

Shaw/Chambers, Enforcement of Money Payments in Magistrates' Courts, 1969.
Stone, Justices' Manual, 1972.

1. Das Verfahren am Magistrates' Court als ‚Adult Court' ist bei bestimmten Geldforderungen (civil debt) ein Beschlußverfahren, das mit einer Beschwerde (complaint) des Beschwerdeführers (complainant) eingeleitet wird und auf den Erlaß eines Zahlungsbeschlusses (order for payment) zielt[1]. Es gibt keine Hauptverhandlung (trial), sondern lediglich eine mündliche Verhandlung (hearing). Auf eine Beweisaufnahme (hearing evidence) kann mit Zustimmung des Beklagten (defendant) verzichtet werden[2].

2. Bei den übrigen Verfahren vor dem Magistrates' Court als Familiengericht (Domestic Court) und Jugendgericht (Juvenile Court) handelt es sich regelmäßig um Verfahren, die mit einer ‚complaint'[3] eingeleitet werden und ebenfalls auf einen Beschluß (order)[4] hinwirken, der auf eine mündliche Verhandlung (hearing) ergeht.

---

[1] Magistrates' Courts Act, 1952, s. 50.
[2] Magistrates' Courts Act, 1952, ss. 45 (3), 50 (1); Magistrates' Courts Rules 1968, r. 54 (6).
[3] Vgl. Matrimonial Proceedings (Magistrates' Courts) Act, 1960, s. 1.
[4] Magistrates' Courts Act, 1952, s. 45 (2).

Abschnitt III

Die Rechtsmittel des englischen Zivilprozesses

§ 58. Grundzüge des Rechtsmittelsystems

Literatur:
Gerland, Rechtsmittelsystem, 1926.

1. Das englische Recht geht von der Rechtsbeständigkeit des erstinstanzlichen Urteils aus, für dessen Richtigkeit eine Vermutung spricht, und das daher im Zweifel aufrechtzuerhalten ist. Diese Grundsatzregelung führt zu einer Verstärkung der Bedeutung und zu einer Konzentration der Verhandlung im Erstinstanzverfahren.

Es gibt, da jedes Urteil vollstreckbar ist, nur eine Anfechtung nichtrechtskräftiger Urteile, allerdings mit der Möglichkeit, die Vollstreckbarkeit auszusetzen (stay of execution; setting aside a warrant of execution)[1].

Das englische Recht geht im Grundsatz von der Unbeschränktheit der Anfechtungsmöglichkeiten bei allen Entscheidungen aus. Die Einlegung des Rechtsmittels ist jedoch in weitem Umfang von der richterlichen Genehmigung abhängig gemacht und somit einer richterlichen Vorprüfung über die Notwendigkeit und die Aussichten des Rechtsmittels unterworfen.

2. Der Begriff der *Appellation (appeal)* des englischen Zivilprozesses kennzeichnet zunächst nur einen formellen Rechtsbehelf ganz allgemein, im Regelfall jedoch ein formelles Rechtsmittel mit Devolutiveffekt. Der Suspensiveffekt muß in der Regel besonders angeordnet werden.

Die Unterscheidung zwischen Berufung (2. Tatsacheninstanz) und Revision (auf die rechtliche Würdigung des Rechtsstreits beschränktes Rechtsmittel) ist im englischen Verfahrensrecht unscharf[1] und unüblich. Bei der Berufungsappellation *(appeal by rehearing)* sind zwei Fälle zu unterscheiden: die volle Berufungsappellation, die eine unbeschränkte zweite Tatsacheninstanz gewährt, und der eingeschränkte Regelfall, bei dem nur in Ausnahmefällen das Privilegium novorum gewährt wird. Die Revisionsappelation *(appeal by case stated)* ist demgegenüber eine

---

[1] Vgl. R.S.C. Ord. 58, r. 1 (4) bei Rechtsmitteln im Vorverfahren.

reine Rechtsbeschwerde insbesondere gegen Entscheidungen von Untergerichten.

Es gibt die Möglichkeit des Anschluß-Rechtsmittels *(cross-appeal)*, und in gewissen Fällen ist Sprungrevision *(leap-frogging)* zugelassen[2]. Das Rechtsmittelsystem unterscheidet zwischen einer Schlußappellation (final appeal) und der Zwischenappellation.

4. Charakteristisch für die englische Zivilgerichtsverfassung ist die Notwendigkeit, zwischen Rechtsmitteln innerhalb eines Gerichts (im staatsrechtlichen Sinn) und Rechtsmitteln von Gericht zu Gericht zu unterscheiden. Dies beruht auf der Zweiteilung des englischen Richterpersonals in untere und obere Richter. Das Rechtsmittel gegen den unteren Richter (Master, Registrar) führt im Regelfall zum oberen Richter innerhalb desselben Gerichts. Gegen Entscheidungen der oberen Richter ist judex ad quem regelmäßig das nächsthöhere Gericht.

5. Es gibt die Möglichkeit der Zurückverweisung an den gleichen Richter (remitted for a full rehearing or for reconsideration) oder an einen anderen Richter (to a different judge for rehearing).

§ 59. Rechtsmittel gegen Entscheidungen am County Court und Magistrates' Court

1. Die Parteien können gegen Entscheidungen des *County Court Registrar* ein formelles Rechtsmittel (appeal) zum Circuit Judge einlegen[1], und zwar gegen Verfügungen im Vorverfahren (interlocutory matters), gegen Kostenfestsetzungsbeschlüsse und gegen Endentscheidungen (judgments or final orders)[2].

Während in den ersten beiden Fällen ein unbeschränktes Rechtsmittel besteht, hat bei Endentscheidungen der Circuit Judge als judex ad quem die Ermessungsbefugnis, das Rechtsmittel ganz oder teilweise zuzulassen[3].

Gegen Entscheidungen eines Circuit Judge im County Court führt das formelle Rechtsmittel (appeal) zum Court of Appeal[4].

2. Gegen Entscheidungen der *Magistrates' Courts* in Ehesachen (matrimonial proceedings) und in Adoptionssachen führt das formelle

---

[2] Onassis and Another v. Vergottis, (1968) 2 Ll.L.Rep. 403 (H.L.).
[3] Administration of Justice Act, 1969. Zum Verfahren vgl. Practice Direction (1970), 1 W.L.R. 97.
[1] C.C.R. Ord. 37, r. 5 (1).
[2] C.C.R. Ord. 13, r. 1 (h); 47, r. 12 (4); 37, r. 5.
[3] County Court Practice, Ord. 37/5 (n).
[4] Vgl. County Courts Act, 1959, ss. 108 - 110. C.C.R. Ord. 59, r. 19.

Rechtsmittel (appeal) zum Divisional Court der Family Division des High Court[5]. Im übrigen besteht ein besonderer Rechtsbehelf zum High Court, der durch den Antrag der beschwerten (aggrieved) Partei eingelegt wird, die Sache dem Divisional Court der Queen's Bench Division zur Entscheidung einer streitigen Rechtsfrage vorzulegen (statement of case, *appeal by way of case stated*)[6]. Dieser spezielle Zwischenstreit kann sich z. B. auf eine Zuständigkeitsrüge (excess of jurisdiction) oder auf die Verletzung materiellen Rechts beziehen. Die Vorlegung ist beim judex ad quem erzwingbar[7], der einen Vorlegungsbeschluß (order of mandamus) erlassen kann.

§ 60. Rechtsmittel gegen Entscheidungen am High Court

Literatur:
Dewrey, Judgement on Leapfrogging, 1972.

I. *Rechtsmittel innerhalb des High Court* gehen von den unteren Richtern an die Judges.

Gegen Entscheidungen des *Master* der *Queen's Bench Division* des High Court als Vorverfahrensrichter gibt es ein formelles Rechtsmittel (appeal) zum ‚judge in chambers' des High Court[1]. Das Gesetz stellt aber die Entscheidung eines Master der eines Judge gleich und gewährt ein Rechtsmittel zum Court of Appeal, wenn der Master eine Hauptverhandlung (trial) durchgeführt hat. Außerdem führt das Rechtsmittel unmittelbar zum Court of Appeal, wenn die Sache vom Judge an den Master verwiesen worden ist, gegen Entscheidungen des Master im Schadensersatz-Festsetzungsverfahren und in einigen anderen von ihm abschließend entschiedenen Sachen[2].

Gegen Entscheidungen des (lokalen) *District Registrar* gibt es grundsätzlich die gleichen Rechtsmittel, wie wenn ein Master oder Registrar der drei Hauptabteilungen des High Court tätig geworden wäre[3]. Die Rechtsmittelfristen sind wegen der Entfernung zum judex ad quem allerdings etwas verlängert[4]. Ein Rechtsmittel kann auch unmittelbar von einem District Registrar zum Court of Appeal führen[5].

---

[5] Matrimonial Causes (Magistrates' Courts) Act, 1960, s. 11 (1); Adoption Act, 1958, s. 10.
[6] Magistrates' Courts Act, 1952, s. 87 (1).
[7] Magistrates' Courts Act, 1952, s. 87 (6).
[1] R.S.C. Ord. 58, r. 1 (1).
[2] R.S.C. Ord. 58, r. 2.
[3] R.S.C. Ord. 58, r. 4 (1).
[4] R.S.C. Ord. 58, r. 4 (2).
[5] George Lee & Sons (Builders) Ltd. v. Olink, (1972), 1 C.A., 214 (in einem Garnishee-Verfahren).

Gegen alle Entscheidungen des *Master der Chancery Division* des High Court gibt es eine Erinnerung (adjournment, ‚Vertagung') zum ‚judge in person'[6]. Dies stellt einen besonderen Rechtsbehelf vom Richterstellvertreter zum Judge dar, woraufhin das Verfahren ohne erneute formelle Ladungen unmittelbar vom Judge fortgesetzt wird; es bleibt in derselben Instanz. Hat der Master eine Hauptverhandlung durchgeführt, sind seine Entscheidungen denen eines Judge gleichgestellt. Das Rechtsmittel (appeal) führt dann wie beim Queen's Bench Master zum Court of Appeal[7].

Gegen Entscheidungen des *Registrar der Family Division* des High Court als Vorverfahrensrichter gibt es ein Rechtsmittel (appeal) zum ‚judge in chambers'[8], gegen seine Entscheidungen als Hauptverhandlungsrichter und als Vollstreckungsgericht auch unmittelbar zum Court of Appeal[9].

Gegen Entscheidungen des *Admiralty Registrar* am High Court gibt es bei einer Verweisung (reference) an ihn einen besonderen Rechtsbehelf, das *motion in objection* zum ‚judge in court'[10] und außerdem allgemein im Vorverfahren das formelle Rechtsmittel (appeal) zum ‚judge in chambers'[11].

2. *Rechtsmittel vom High Court* führen in der Regel zum Court of Appeal[12]. Judex a quo ist grundsätzlich der Hauptverhandlungsrichter, also in der Regel ein Judge, aber auch in bestimmten Fällen ein Master oder Registrar.

Es gibt die Möglichkeit der Sprung-Appellation (leap-frogging) vom High Court unmittelbar zum House of Lords[13]. Die Zulässigkeit hängt von einer Genehmigung (grant of a certificate to apply for leave to leapfrog) des Hauptverhandlungsrichters (trial judge) und einer Zulassung des House of Lords ab. Voraussetzung für die Erteilung des Zertifikats ist die Zustimmung aller Parteien[14], daß der Hauptverhandlungsrichter von der Bedeutung der Angelegenheit überzeugt ist[15],

---

[6] R.S.C. Ord. 32, r. 14 (1). Zum Unterschied von ‚adjournment' und ‚appeal' vgl. Re Watts, (1883) 22 Ch.D. 5.
[7] R.S.C. Ord. 58, r. 3; 36, r. 9.
[8] R.S.C. Ord. 58, r. 1 (1).
[9] R.S.C. Ord. 58, r. 2 (2) (a).
[10] R.S.C. Ord. 75, r. 43; 58, r. 1 (1).
[11] R.S.C. Ord. 58, r. 1 (1).
[12] Supreme Court Act, 1925, s. 27 (1).
[13] Administration of Justice Act, 1969, ss. 12 - 13; Todd v. Davidson, (1971) 1 All E.R. 994; (1971) 2 W.L.R. 898.
[14] Administration of Justice Act, 1969, s. 12 (1) (c).
[15] Administration of Justice Act, 1969, s. 12 (1) (b).

und daß es sich um Fragen der Gesetzesauslegung oder um das Abweichen von obergerichtlichen Entscheidungen handelt[16].

Eines der beiden Appeal Committees des House of Lords entscheidet über die Zulassung ohne mündliche Verhandlung[17].

§ 61. Rechtsmittel vom Court of Appeal zum House of Lords

Hauptquellen:

Administration of Justice (Appeals) Act, 1934.
Directions as to Procedure (House of Lords Appeals)[1].

Literatur:

Blom-Cooper/Dewry, Final Appeal, 1972.

Das formelle Rechtsmittel (appeal) gegen Entscheidungen des Court of Appeal führt zum House of Lords[2]. Es bedarf einer besonderen Zulassung[3].

Die Zulassung wird im Regelfall nicht bei Verfahrensrügen (interlocutory appeals) und nur für Rechtsfragen (points of law) gewährt. Der Court of Appeal kann das Rechtsmittel zum House of Lords selbst zulassen. Läßt er es nicht zu, kann die Partei einen Antrag an das House of Lords auf Zulassung des Rechtsmittels richten (petitions for leave to appeal to the House of Lords). Die Entscheidung darüber trifft ein Vorprüfungsausschuß (Appeal Committee) des House of Lords. Es besteht ein besonderes Vorprüfungsverfahren, in dem offensichtlich unbegründete Rechtsmittel ohne mündliche Verhandlung verworfen werden[4]. Der Vorprüfungsausschuß muß einstimmig entscheiden. Die Entscheidungen über die Zulassung des Rechtsmittels werden nicht begründet.

---

[16] Administration of Justice Act, 1969, s. 12 (1) (a) (b).
[17] Administration of Justice Act, 1969, s. 13 (3).
[1] Abgedr. Supreme Court Practice 1973, paras. 2531 et seq.
[2] Appellate Jurisdiction Act, 1876, s. 3 (1).
[3] Administration of Justice (Appeals) Act, 1934, s. 1.
[4] Vgl. Practice Direction (House of Lords: Petitions) (1970), 1 W.L.R. 1218.

Abschnitt IV

Besondere Verfahren

§ 62. Das Verfahren in Ehesachen (Matrimonial Proceedings)

Hauptquellen:

Matrimonial Causes Rules 1971.
Matrimonial Causes Act, 1973.

Literatur:

Farnborough, Englisches Ehescheidungsrecht, 1971.
Forbes, Divorce Law, 1972.
Latey, Divorce, 1973.
Passingham, Law and Practice in Matrimonial Causes, 1971.
Rayden, Divorce, 1972.
Rees, Divorce Handbook, 1971.
Reynold, Englisches Scheidungsrecht, 1971.
Sanctuary, Reform des Scheidungsrechts in England, 1971.
Tolstoy, Divorce and Matrimonial Causes, 1971.
Witchell, Practice and Procedure Vol. IV, 1972.

I. Das *Ehescheidungsverfahren (divorce)* als einer Ehesache (matrimonial cause) besteht aus zwei Hauptabschnitten, dem Verfahren bis zum bedingten Scheidungsbeschluß (decree nisi) und dem Bestätigungsverfahren bis zum endgültigen Ehescheidungsbeschluß *(decree absolute)*. Die Ehescheidungsklage wird erhoben durch gerichtliche Registrierung einer Petitions-Klage (petition for divorce) in einem Divorce County Court oder der Divorce Registry des High Court[1].

Die Petition schließt mit dem formellen Antragsbegehren (prayer), bei einer Scheidungsklage dem Begehren auf Auflösung der Ehe. Der Scheidungsklage muß ein Einigungsversuch vorausgehen[2]. Der Petitionsschrift muß der Antragsteller (petitioner) eine schriftliche Stellungnahme hinsichtlich des gegenwärtigen und zukünftigen Wohnsitzes der Ehegatten und hinsichtlich der Kinder beifügen. Die Petitionsschrift wird dem Antragsgegner (respondent) zugestellt.

Es gibt keine formelle Einlassung (entry of appearance), der Antragsgegner muß jedoch binnen 8 Tagen eine Erklärung über Einwendungs-

---

[1] Matrimonial Causes Act, 1973, s. 1 (1).
[2] Matrimonial Causes Act, 1973, s. 6 (1).

absichten (notice of intention to defend) abgeben. 21 Tage später muß der Antragsgegner dann die Antragsbeantwortung (answer) einreichen. Mit der gerichtlichen Registrierung der Antragsbeantwortung wird die Klage streitig (defended) und muß an den High Court (Family Division) verwiesen werden[3]. Auf die Antragsbeantwortung hat der Antragsteller 14 Tage Zeit zur Erwiderung (reply). Das Vorverfahren (interlocutory proceedings) erfolgt vor dem Registrar, der am County Court in unstreitigen Ehesachen als Vorverfahrensrichter des Circuit Judge und in streitigen Ehesachen als Vorverfahrensrichter des High Court tätig wird.

Das Vorverfahren schließt mit einem Vorverhandlungsbeschluß (directions for trial)[4], der dem ‚summons for directions' am High Court (Queen's Bench Division) entspricht. Die Hauptverhandlung (trial) folgt allgemeinen Grundsätzen. Es bestehen besondere Regeln für den Ausschluß der Öffentlichkeit.

Es gibt bei einvernehmlicher Scheidung nach zweijährigem Getrenntleben (separation) ein beschleunigtes Verfahren, das sich auf eidliche Versicherungen (affidavits) stützt.

In diesem ersten Hauptabschnitt des Scheidungsverfahrens kann das Gericht den Queen's Proctor, einen Justizbeamten, einschalten, um insbesondere ehefreundliche Umstände in das Verfahren einzubringen[5].

Nach Schluß der Hauptverhandlung ergeht nicht ein Urteil, sondern das Gericht erläßt, falls es der Klage stattgeben will, einen bedingten Scheidungsbeschluß (decree nisi). Dieser besagt, daß, falls sich nicht binnen sechs Wochen[6] Umstände ergeben, die eine Aufhebung des Decree Nisi rechtfertigen könnten, das Decree ‚absolute' gemacht werden kann. Das Decree Absolute entspricht dem deutschen Scheidungsurteil[7].

Innerhalb dieser Frist kann der Queen's Proctor oder ein Dritter dem Gericht Beweise dafür unterbreiten, daß es von beiden Parteien oder auch nur von einer Seite irregeführt worden ist, indem ihm entweder für die Entscheidung wichtige Tatsachen vorenthalten werden oder die Parteien im geheimen Einverständnis gehandelt haben[8].

---

[3] Matrimonial Causes Rules 1971, r. 18 (5).
[4] Matrimonial Causes Rules 1971, r. 33.
[5] Matrimonial Causes Act, 1973, s. 8 (1).
[6] Matrimonial Causes (Decree Absolute) General Order 1972. Als gesetzliche Regelfrist sind 6 Monate vorgesehen, Matrimonial Causes Act, 1973, s. 1 (5).
[7] Zur Anerkennung ausländischer Ehescheidungen vgl. **Recognition of Divorces and Legal Separations Act, 1971.**
[8] Matrimonial Causes Act, 1973, s. 9 (1).

In den Fällen einer solchen Intervention entscheidet das Gericht nach Beweisaufnahme über die Bestätigung oder Aufhebung des Decree Nisi[9].

Gegen einen bedingten Scheidungsbeschluß (decree nisi) kann ein formelles Rechtsmittel (appeal) beim Court of Appeal eingelegt werden.

II. Als Ehesache gibt es außer der Ehescheidungsklage die *Ehenichtigkeitsklage* (petition for nullity)[10] wegen Ehenichtigkeit (voidness) und die *Eheaufhebungsklage* wegen Aufhebbarkeit der Ehe (voidability).

1. Die *Ehenichtigkeitsklage* ist eine Klage auf Feststellung der Nichtigkeit der Ehe durch das Gericht. Sie kann von den Parteien und jedem Dritten erhoben werden, der ein berechtigtes Interesse hat. Die Ehenichtigkeitsklage ist keine Gestaltungsklage, d. h. die ‚void marriage' ist eine unwirksame Ehe, ohne daß es dafür einer gerichtlichen Feststellung bedürfte. Die Wirkungen des *nullity decree* erfolgen allerdings ex nunc.

2. Die *Eheaufhebungsklage* wegen eines Aufhebungsgrundes (voidability) ist eine echte Gestaltungsklage; das Urteil wirkt ebenfalls ab Rechtskraft (ex nunc).[11]

3. Schließlich ist als Ehesache noch die *Trennungsklage* (judicial separation) vorgesehen[12].

III. In Ehesachen haben *Zwischenverfügungen* (injunctions) und besondere Beschlußverfahren, etwa wegen Belästigung (non-molestation orders), erhebliche praktische Bedeutung. Zur Erzwingung der Unterlassung kann Haftstrafe verhängt werden (committing to prison for breach of an injunction or an order).

§ 63. Sonstige Familiensachen (Domestic Proceedings)

Hauptquellen:

Adoption Act, 1958.
Children and Young Persons Act, 1963.
Matrimonial Causes Act, 1965.
Guardianship Act, 1973.
Adoption (High Court) Rules 1971.

Literatur:

Abderhalden, Vormund und Mündel im englischen Recht, 1939.
Amend, Jugendgerichte und Vormundschaftsgerichte, 1970.
Anthony/Barryman, Domestic Proceedings, 1968.

---

[9] Matrimonial Causes Act, 1973, s. 9 (1).
[10] Matrimonial Causes Act, 1973, ss. 11 - 16. Nullity of Marriage Act, 1971.
[11] Nullity of Marriage Act, 1971, s. 5.
[12] Matrimonial Causes Act, 1973, ss. 17, 18.

§ 63. Familiensachen (Domestic Proceedings)

Chislett, Affiliation Proceedings, 1958.
Gutermuth, Geltendmachung der Unehelichkeit, 1964.
Heywood/Massey, Court of Protection Practice, 1971.
Johnson, Family Law, 1965.
Jordan, Wards of Court and Guardianship Proceedings, 1962.
Josling, Adoption of Children, 1972.
Wilkinson, Affiliation Law and Practice, 1965.
Wilkinson, Summary Matrimonial and Guardianship Orders, 1967.
Wohlfahrt, Adoption in England, 1959.

I. In *Vormundschaftssachen (guardianship proceedings)* ist der High Court zuständig, daneben bestehen auch Zuständigkeiten der County Courts und Magistrates' Courts[1].

Nach dem Tod eines Elternteils ist der Überlebende Vormund (guardian) der gemeinschaftlichen Kinder. Hat der zuletzt Verstorbene keinen Vormund benannt oder lehnt der Benannte die Übernahme der Vormundschaft ab, so benennt das Gericht einen Vormund[2].

Ein Kind kann durch eine gerichtliche Entscheidung zu einem Mündel des Gerichts (ward of court) werden[3]. Die Folgen einer solchen Unterstellung des Mündels unter gerichtliche Aufsicht sind u. a., daß der Mündel nur mit Genehmigung des Gerichts eine Ehe schließen darf.

II. Die *Adoption* wird durch Gerichtsbeschluß, die Adoption Order[4], bewilligt. Zuständig sind wahlweise der High Court, der County Court oder ein Magistrates' Court als Jugendgericht (Juvenile Court). Für jedes dieser Gerichte bestehen gesonderte Verfahrensordnungen[5].

Die Prüfung der materiellen Adoptionsvoraussetzungen durch das Gericht bildet nur den Abschluß des Verfahrens. Mit der Einleitung und den ersten Ermittlungen sind andere Stellen befaßt, die das von ihnen gesammelte Material dem Gericht zur Entscheidung vorlegen. Das sind in der Mehrzahl der Fälle private Vereinigungen, die Adoption Societies. Sie müssen von den örtlichen Wohlfahrtsbehörden, im allgemeinen den County Councils, zugelassen werden, und die Zulassung setzt voraus, daß diese Gesellschaften wohltätigen Zwecken dienen[6]. Neben den Adoption Societies bearbeiten auch die örtlichen Wohlfahrtsbehörden Adoptionsanträge zur Vorbereitung der gerichtlichen Entscheidung.

---

[1] Guardianship Act, 1973.
[2] Guardianship Act, 1973.
[3] Law Reform (Micellaneous Provisions) Act, 1949, s. 9.
[4] Adoption Act, 1958, s. 1 (1).
[5] Adoption (High Court) Rules 1971; Adoption (County Court) Rules 1959 und 1965; Adoption (Juvenile Court) Rules 1959 und 1965.
[6] Adoption Act, 1958, ss. 30, 57 (1).

Nach einer Probezeit von drei Monaten, die das zu adoptierende Kind bei den Antragstellern verbringt, können diese den Antrag auf Erlaß der Adoption Order an das Gericht stellen. Das gerichtliche Adoptionsverfahren als einer Familiensache i. w. S. ist ein Chambers-Verfahren, also in der Regel nicht öffentlich[7]. Beteiligte sind der Antragsteller (applicant) und der Antragsgegner (respondent). Das Gericht ernennt als Prozeßpfleger (guardian ad litem) u. a. den Official Solicitor[8] zur Erhebung weiterer Ermittlungen und zur Erstattung eines Berichts[9]. In der Regel wird auch ein ärztliches Gutachten über den Gesundheitszustand des Kindes angefordert. Bestehen Bedenken gegen den Erlaß der Adoption Order, glaubt das Gericht aber, daß sie behoben werden können, so erläßt er einen Zwischenbeschluß (Interim Order) auf die Dauer bis zu zwei Jahren, in dem es die Bedingungen für den endgültigen Beschluß niederlegt[10]. Es kann das Kind weiter dem Antragsteller belassen.

Die erfolgte Adoption durch Adoption Order wird in das Adopted Children Register[11] eingetragen, sofern nicht ein Rechtsmittel eingelegt wird, das bei einer Entscheidung des Magistrates' Court zum Einzelrichter der Family Division des High Court führt[12].

III. Das *Verfahren auf Gewährung von Unterhalt (maintenance proceedings)* ist ein Antragsverfahren (application) ohne Vorverfahren und unter Ausschluß der Öffentlichkeit. Die Entscheidung ergeht durch Unterhaltsbeschluß (maintenance order), der u. a. durch Lohnpfändung (attachement of earnings) vollstreckbar ist[12a].

IV. Für *Vaterschaftsklagen (affiliation proceedings)* sind die Magistrates' Courts und der High Court[13] zuständig.

V. Der Antrag (petition) auf *Erklärung der Ehelichkeit (declaration of legitimacy)*[14] ist beim High Court zu stellen. Ein Antrag auf Feststellung der Nichtehelichkeit ist unzulässig[15], ebenso ein Antrag auf Feststellung der Ehelichkeit eines anderen als des Antragstellers[16]. Der

---

[7] Adoption Rules 1971, s. 3 (2).
[8] Adoption Rules 1971, s. 6. s. o. § 31.
[9] Adoption Rules 1971, s. 15.
[10] Adoption Act, 1958, s. 8.
[11] Adoption Act, 1958, ss. 20, 21.
[12] Adoption Act, 1958, s. 10.
[12a] Attachement of Earnings Act, 1971; Matrimonial Causes Act, 1965; Matrimonial Proceedings and Property Act, 1970; Matrimonial Proceedings (Magistrates' Courts) Act, 1960.
[13] Affiliation Proceedings Act, 1957; Matrimonial Causes Act, 1973, s. 45.
[14] Matrimonial Causes Act, 1965, s. 39.
[15] B.v.A.-G., (1966) 2 All E.R. 145.
[16] Aldrich v. A.-G., (1968) 1 All E.R. 345; (1968) P. 281.

Antrag ist gegen den Attorney General als Vertreter der Krone zu richten[17]. Die Entscheidung bindet nur die Parteien bzw. Geladenen[18], es liegt damit keine für und gegen alle wirkende Entscheidung vor. Normalerweise werden jedoch alle an der Frage der Ehelichkeit Interessierten beigeladen[19].

§ 64. Das Probate-Verfahren

Hauptquellen:

Non-Contentious Probate Rules 1954.
R.S.C. Ord. 76 (Contentious Probate Proceedings).

Literatur:

Ferid/Firsching/Henrich, Internationales Erbrecht, 1969, Bd. III Rdn. 234 ff.
Gibson, Probate Practice, 1966.
Holloway, Probate Handbook, 1967.
Ker, Wills, Probate, and Administration, 1959.
Rees, Probate Handbook, 1964.
Tristram/Coote, Probate, 1970 - 72.

Das *Probate-Verfahren*[1] dient der gerichtlichen Bestätigung von Testamenten, wobei sich die Prüfung auf die formelle und inhaltliche Gültigkeit des Testaments erstreckt. Die Bestätigung erfaßt im Regelfall das gesamte Testament, es können aber auch einzelne Teile des Testaments, deren Nichtigkeit festgestellt wurde oder deren Gültigkeit zweifelhaft ist, von der Bestätigung ausgenommen werden.

Man unterscheidet die einfache (in common form) und die formelle (in solemn form) Testamentsbestätigung.

I. Eine einfache *Bestätigung (probate in common form)* wird erteilt, wenn der im Testament benannte Vollstrecker (executor) das Testament vorlegt, die Unterschrift des Erblassers unter dem Testament ordnungsgemäß durch zwei Zeugen beglaubigt ist und der Vollstrecker eidlich versichert, daß das von ihm vorgelegte Testament den letzten Willen des Erblassers darstelle, daß er der im Testament genannte Vollstrecker sei, daß er den Nachlaß ordnungsgemäß verwalten werde und daß der Wert des Nachlasses nicht höher sei als von ihm angegeben.

Ist die Unterschrift des Erblassers nicht ordnungsgemäß beglaubigt oder hat das für die Erteilung des Probate zuständige Nachlaßgericht sonstige Zweifel an der ordnungsgemäßen Errichtung des Testaments,

---

[17] Matrimonial Causes Act, 1965, s. 39 (6).
[18] Matrimonial Causes Act, 1965, s. 39 (5).
[19] Matrimonial Causes Act, 1965, s. 39 (7).
[1] Zum Begriff ‚probate action' vgl. R.S.C. Ord. 76, r. 1 (2).

so kann es von einem der Testamentszeugen oder von beiden eine eidliche Versicherung (affidavit) des Inhalts verlangen, daß das Testament ordnungsgemäß errichtet worden ist. Kann der Vollstrecker eine solche eidliche Versicherung nicht beibringen, so kann das Nachlaßgericht verlangen, daß ihm die ordnungsgemäße Testamentserrichtung auf andere Weise glaubhaft gemacht wird. Sofern dies nicht geschieht, verweigert es die Bestätigung *(grant of probate)*.

Das Nachlaßgericht verlangt auch dann eine eidliche Versicherung, wenn das Testament Streichungen oder Zusätze erhält, die nicht von der Unterschrift des Erblassers und der beiden Zeugen gedeckt sind. Hier muß eine Vermutung widerlegt werden, die dafür spricht, daß diese Änderungen des Testaments erst nach der Testamentserrichtung erfolgten.

Hat das Nachlaßgericht keine Zweifel an der ordnungsgemäßen Errichtung des Testaments, so erteilt es die Bestätigung, d. h. es übergibt dem Vollstrecker eine mit dem Gerichtssiegel versehene Kopie des Testaments *(probate copy)*, die dem Vollstrecker dann als Ausweis dient.

II. Die formelle *Testamentsbestätigung (probate in solemn form)* setzt ein kontradiktorisches Verfahren *(probate action)*[2] voraus. Parteien dieses Rechtsstreits sind auf der einen Seite der Vollstrecker oder an der Gültigkeit des Testaments interessierte begünstigte Personen (beneficiaries), auf der anderen Seite Personen, die an der Ungültigkeit des Testaments interessiert sind, z. B. die im Testament nicht bedachten gesetzlichen Erben. Beide Seiten sind klageberechtigt, aber üblicherweise erhebt der Vollstrecker die Klage, wenn die Gültigkeit des Testaments bestritten wird.

Seine Klage richtet sich dann gegen alle Personen, die an der gänzlichen oder teilweisen Ungültigkeit des Testaments interessiert sind, dessen Gültigkeit und Wirksamkeit der Vollstrecker behauptet.

Auch nachdem bereits eine einfache Bestätigung erteilt worden ist, kann der Vollstrecker noch von jedem, der ein rechtliches Interesse nachweisen kann, gezwungen werden, das Testament formell durch streitiges Verfahren bestätigen zu lassen. Das geschieht in der Weise, daß der rechtlich Interessierte ein Widerrufsverfahren (action for the revocation of a grant of probate of the will or letters of administration) einleitet. Der Vollstrecker muß dann entweder in diesem Widerrufsverfahren die Gültigkeit des Testament verteidigen oder von sich aus selbständig im Wege der Klage die Bestätigung des Testaments in formeller Form beantragen.

---

[2] R.S.C. Ord. 76, r. 2.

Ist ein Testament formell bestätigt worden, so ist ein Widerruf der Bestätigung grundsätzlich ausgeschlossen, jedenfalls dann, wenn alle interessierten Personen am Prozeß beteiligt waren. Von diesem Grundsatz gibt es nur zwei Ausnahmen: Das probate kann widerrufen werden, wenn es von einer Partei arglistig erschlichen worden ist oder wenn ein neues (späteres) Testament auftaucht.

Aber auch Personen, die nicht am Prozeß beteiligt waren, können den Widerruf dann nicht verlangen, wenn sie von dem Verfahren, in dem die Gültigkeit des Testaments geklärt werden sollte, Kenntnis hatten und demzufolge ihre Rechte hätten wahrnehmen können, es sei denn, daß es ihnen nicht möglich war, vor Gericht zu erscheinen.

Das *probate decree*, das ein streitiges probate-Verfahren abschließt, ist ein judgment in rem, d. h. ein Urteil, das die Rechtsinhaberschaft an einer Sache feststellt[3] und Wirkungen gegenüber jedermann (inter omnes) ausübt.

§ 65. Der Seeprozeß

Hauptquelle:
R.S.C. Ord. 75.

Literatur:
Colinvaux/Steel/Ricks, Forms and Precedents, 1973.
McGuffie, British Shipping Laws. Admiralty Practice, 1964.
Simon, Admiralty Jurisdiction and the Liability of Wharfingers, 1972.
Wiswall, Admiralty Jurisdiction and Practice, 1970.
Wüstendörfer, Neuzeitliches Seehandelsrecht, 1950.

Der englische *Seeprozeß (Admiralty Proceedings)* wird durch Writ-Klage erhoben. Seine Hauptbesonderheit besteht darin, daß neben dem gewöhnlichen Verfahren ‚in personam' ein Verfahren ‚in rem' vorgesehen ist, das beispielsweise angewandt wird, um ein seerechtliches Pfandrecht (maritime lien) geltend zu machen. Das Charakteristische dieses Verfahrens besteht in der Möglichkeit des sofortigen Arrestes.

Bei der *actio in rem* richtet sich die Writ-Klage[1] formell nicht gegen eine bestimmte Person, sondern gegen das Schiff[2]. Sofort nach Klagezustellung kann ein Arrestbefehl (warrant of arrest) erwirkt werden[3]. Der Erlaß des Arrestbefehls erfolgt auf Antrag einer vom Arrest betroffenen Partei durch Eintragung in der Admiralty Registry.

---

[3] In Re Estate of Langton, (1964) P. 163.
[1] R.S.C. Ord. 75, r. 3 (1).
[2] R.S.C. App. B No. 1.
[3] R.S.C. Ord. 75, r. 5 (1).

In Seesachen führt ein besonderes Rechtsmittel gegen Entscheidungen des Admiralty Registrar, das *motion in objection* zum ‚judge in court', der dann eine mündliche Verhandlung durchführen muß[4].

§ 66. Das Konkursverfahren

Hauptquellen:
Bankruptcy Act, 1914.
Bankruptcy Rules 1952.

Literatur:
Cruchley, Handbook on Bankruptcy, 1964.
Eckstein, Englisches Konkursrecht, 1935.
Frackenpohl, Englisches Konkursverfahren, 1933.
Fridman/Hicks/Johnson, Bankruptcy, 1970.
Griffiths, Bankruptcy, 1957.
Thomson, Principles of Bankruptcy, 1967.
Weaving, Bankruptcy Practice in County Courts, 1967.
Williams, Bankruptcy, 1957.

I. *Konkursgerichte*

Entgegen dem allgemeinen Grundsatz der Zentralisation der englischen Gerichtsbarkeit sind die Konkursgerichte lokale Gerichte, und zwar haben bestimmte County Courts und die Chancery Division des High Court Zuständigkeit in Konkurssachen.

Gegen Entscheidungen der County Courts in Konkurssachen führt das Rechtsmittel (appeal) zur Chancery Division (Divisional Court) des High Court und das weitere Rechtsmittel mit besonderer Zulassung zum Court of Appeal[1].

II. *Konkursverfahren*

1. Es gibt im englischen Konkursrecht nur den Konkurs natürlicher Personen; die Handelsgesellschaften (companies) sind konkursunfähig. Dies bedeutet jedoch nicht, daß sie im Falle ihrer Insolvenz nicht konkursmäßig liquidiert werden können. Sie werden nach dem allgemeinen gesellschaftsrechtlichen Liquidationsverfahren (winding-up of companies) abgewickelt, bei dem spezifisch insolvenzrechtliche Institute, wie z. B. die Konkursanfechtung, für anwendbar erklärt sind.

2. Das englische Konkursverfahren kennt keinen einheitlich gefaßten Konkursgrund, sondern läßt die Konkurseröffnung zu, wenn der Schuldner innerhalb der letzten drei Monate vor Stellung des Kon-

---

[4] R.S.C. Ord. 75, rr. 44, 43.
[1] Bankruptcy Act, 1914, s. 108.

kursantrages bestimmte Handlungen (acts of bankruptcy) vorgenommen hat[2]. Dazu gehören vor allem eigene Erklärung der Insolvenz, eigener Konkursantrag, Geschäftseinstellung, Begründung konkursrechtlich nichtiger Vorzugsrechte, Flucht, bestimmte Zwangsvollstreckungshandlungen und Nichterfüllung einer mit Fristsetzung verbundenen Konkursandrohung (bankruptcy notice)[3].

Abgesehen vom letzten Fall, in dem der drohende Konkurs als Druckmittel auf zahlungsfähige aber zahlungsunwillige Schuldner wirken kann, handelt es sich bei den ‚acts of bankruptcy' durchweg um Handlungen, die auf Insolvenz des Schuldners schließen lassen.

3. Nach *Konkursantrag (petition)*[4] und *Eröffnung des Verfahrens (receiving order)*[5] befindet sich der Gemeinschuldner noch nicht im Konkurs. Es tritt zunächst nur eine amtliche Sequestration durch Ernennung eines Official Receiver in der ‚receiving order' ein. Damit wird bezweckt, das Vermögen zu erhalten, die Konkursgründe aufzuklären und einen Vergleich (composition oder scheme of arrangement) zu ermöglichen[6]. Die ‚receiving order' bewirkt den Stillstand aller Verfahren und Vollstreckungsmaßnahmen gegen den Schuldner und sein Vermögen, soweit sie Forderungen betreffen, die im Konkurs geltend zu machen sind[7]. Während des sich anschließenden Zwischenverfahrens erfolgt die Vernehmung des Schuldners in öffentlicher Verhandlung *(public examination)*[8].

4. Nur wenn ein Vergleich aussichtslos ist oder aus anderen Gründen nicht zustandekommt, wird der Schuldner für bankrott erklärt *(adjudication of bankruptcy)*[9]. Damit beginnt das eigentliche Konkursverfahren. Der Schuldner verliert sein Vermögen, dessen Rechtsträger der als Treuhänder (trustee) bezeichnete Verwalter wird. Die Haftung des Gemeinschuldners für die Konkursforderungen bleibt bestehen; sie kann ihm jedoch durch Zwangsvergleich oder — in bestimmten Grenzen — durch den Entlastungsbeschluß *(order of discharge)*[10] erlassen werden.

Die Rechtsträgerschaft des Treuhänders beginnt zwar erst mit der Bankrotterklärung, sie wirkt jedoch zurück (relation back) auf den Konkursbeginn, das heißt, auf den frühesten ‚act of bankruptcy' inner-

---

[2] Bankruptcy Act, 1914, s. 1 (1).
[3] Bankruptcy Act, 1914, s. 1 (1) (h).
[4] Bankruptcy Act, 1914, s. 102.
[5] Bankruptcy Rules 1952, rr. 174 et seq.
[6] Bankruptcy Act, 1914, s. 16.
[7] Bankruptcy Act, 1914, s. 7.
[8] Bankruptcy Act, 1914, s. 15. Bankruptcy Rules, rr. 188 et seq.
[9] Bankruptcy Act, 1914, s. 18.
[10] Bankruptcy Act, 1914, s. 26 (1).

halb von drei Monaten vor der Stellung des Konkursantrages oder vor der Eröffnung des Verfahrens[11]. Dieser rückwirkende Verlust der Rechtszuständigkeit des Gemeinschuldners führte grundsätzlich zur Unwirksamkeit aller zwischenzeitlich ihm gegenüber vorgenommenen Rechtshandlungen.

Es bleiben aber dem Treuhänder gegenüber bestimmte vor der Eröffnung des Verfahrens in Unkenntnis des Konkursgrundes vorgenommene Rechtshandlungen und der gutgläubige entgeltliche Erwerb zwischen Eröffnung des Verfahrens und ihrer Registrierung wirksam. Von der Rückwirkung nicht berührte Rechtshandlungen können unter gewissen Voraussetzungen angefochten werden.

Nach dem Gesetzeswortlaut gehört auch das zwischen der Bankrotterklärung (adjudication of bankruptcy) und dem Entlastungsbeschluß (discharge) vom Gemeinschuldner erworbene Vermögen (afterwards acquired property) zur Masse mit der Folge, daß der Treuhänder Rechtsträger wird[12]. Der Gemeinschuldner kann jedoch über solches Vermögen zugunsten gutgläubiger entgeltlicher Erwerber wirksam verfügen, sofern der Treuhänder nicht interveniert.

§ 67. Die Liquidation von Handelsgesellschaften

Hauptquellen:

Companies Act, 1948.
Companies (Windung-up)Rules 1949.

Literatur:

Baumann, Recht der Handelsgesellschaften im englischen Rechtskreis, 1961.
Schulze, Gerichtliche Liquidation von Gesellschaften, 1933.

1. Die Auflösung und Abwicklung *(Liquidation)* einer Handelsgesellschaft (company) ist entweder die Folge eines entsprechenden Beschlusses der Hauptversammlung der Gesellschafter (voluntary liquidation)[1] oder sie wird gerichtlich (am High Court durch einen bestimmten Registrar in Bankruptcy)[1a] aufgrund eines Antrages angeordnet (compulsory liquidation)[1b]. Auch bei einer Abwicklung aufgrund eines Beschlusses der Hauptversammlung kann der Registrar sich in der Weise einschalten, daß er die Fortsetzung des Verfahrens unter gerichtlicher Aufsicht anordnet (voluntary liquidation subject to the supervision of the Court)[1c]. Auch die Gesellschaft kann, was selten vor-

---

[11] Bankruptcy Act, 1914, s. 37 (1).
[12] Bankruptcy Act, 1914, s. 38.
[1] Companies Act, 1948, s. 278.
[1a] s. o. § 21.
[1b] Companies Act, 1948, s. 222.

§ 67. Liquidation von Handelsgesellschaften

kommt, durch die Hauptversammlung beschließen, daß die Abwicklung durch das Gericht vorzunehmen ist[2]. Die wichtigsten Formen sind damit die freiwillige Abwicklung und die Zwangsabwicklung, wobei der letzteren besondere Bedeutung zukommt, weil es keinen Gesellschaftskonkurs gibt.

2. Zur Einleitung der *Zwangsabwicklung* antragsberechtigt sind die „Leistungspflichtigen" (contributories) und vor allem die Gläubiger[3]. Leistungspflichtige sind diejenigen, die verpflichtet sind, im Falle der Abwicklung Leistungen zugunsten des Vermögens der Gesellschaft zu erbringen[4], d. h. vor allem Aktionäre von nicht voll eingezahlten Aktien. Die Handelsgesellschaft besteht nach Einleitung der Zwangsabwicklung als Rechtssubjekt fort, bis ihr Vermögen verteilt ist.

3. Der wichtigste Abwicklungsgrund ist Zahlungsunfähigkeit[5]. Sie wird angenommen[6], wenn die Gesellschaft einer Zahlungsaufforderung über einen Betrag von mehr als £ 50 innerhalb von drei Wochen nicht nachzukommen vermag oder nicht wenigstens entsprechend Sicherheit leistet[7]. Weiter wird Zahlungsunfähigkeit angenommen, wenn eine Zwangsvollstreckung ergebnislos verlaufen ist[8].

Ein weiterer Grund zur Auflösung und Abwicklung ist gegeben, wenn der Registrar zu der Auffassung gelangt, daß es recht und billig sei (just and equitable), daß die Gesellschaft abgewickelt werde[9]. Diese Generalklausel bezieht sich auf Fallrecht und gibt ihm keine Generalermächtigung. Ein wichtiger Fall ist die Unmöglichkeit der Zweckerreichung wegen Fortfalls des Substrats des Unternehmens: z. B. das Patent, das in Lizenz ausgewertet werden soll, wird gelöscht, der Lizenzvertrag wird aufgehoben, das Unternehmen, das für die Gesellschaft erworben werden soll, kann nicht mehr erworben werden. Unter diese Gruppe fällt auch, daß die Handelsgesellschaft ein rechtswidriges oder arglistiges Verhalten bei ihrem ganzen Geschäftsgebaren zeigt.

Hierher gehört auch der Fall des Amtsmißbrauchs (oppression) der Direktoren gegenüber den Aktionären. Entsprechendes gilt für das Herbeiführen einer Entscheidungsunfähigkeit (deadlock), etwa dauernde Uneinigkeit zwischen zwei Aktionären, von denen jeder über die

---

[1c] Companies Act, 1948, s. 311.
[2] Companies Act, 1948, s. 222 a).
[3] Companies Act, 1948, s. 224.
[4] Companies Act, 1948, s. 213.
[5] Companies Act, 1948, s. 222 c).
[6] Companies Act, 1948, s. 223.
[7] Companies Act, 1948, s. 223 a).
[8] Companies Act, 1948, s. 223 b).
[9] Companies Act, 1948, s. 222 f).

Hälfte der Stimmrechte verfügt. In diesem Fall muß der Registrar die Abwicklung nicht anordnen, er kann auch als weniger weitreichende Maßnahme jedes andere geeignete Verfahren zur Beilegung der Schwierigkeiten treffen[10].

Weitere Fälle[11] zur Einleitung des Verfahrens über die Zwangsabwicklung sind von geringerer Bedeutung: u. a. Verminderung der Gesellschafterzahl unter die gesetzliche Mindestzahl von sieben und Unterbleiben der konstituierenden Hauptversammlung und Vorlage des Gründerberichts.

4. Die Organe der Handelsgesellschaft werden für die *Zeit der Zwangsabwicklung* durch den Liquidator ersetzt, der eine trustee-ähnliche Stellung innehat. Jedoch wird dieser nicht wie der ‚bankruptcy trustee' Vermögensträger.

---

[10] Companies Act, 1948, s. 210.
[11] Companies Act, 1948, ss. 222 d) und 222 b).

Abschnitt V

Kostenwesen, Armenrecht und Schiedsverfahren

§ 68. Kostenwesen und Hinterlegung (Payment into Court)

Hauptquelle:

R.S.C. Ord. 62, 22.

Literatur:

Butterworth, Costs in Civil Litigation, 1971.
Cohn, Richter, Partei- und Prozeßvergleich, 1959.
Robinsohn, County Court Costs, 1971.
Treagus, Solicitor's Costs, 1963.
Turner, Gebühren der englischen Anwälte, 1967.

I. Die *Kostenentscheidung* (order for costs) ist ein von der Hauptsachenentscheidung getrennter richterlicher Beschluß. Er bedarf der Inkraftsetzung (enforcement) durch die obsiegende Partei.

Im Grundsatz steht die Kostenentscheidung im Ermessen des Gerichts[1]. In der Praxis werden im Regelfall der unterliegenden Partei die notwendigen Kosten der Gegenseite auferlegt[2]. Die Festsetzung dieser Kosten erfolgt im Kostenfestsetzungsverfahren *(taxation of costs)*[3]. Hierbei richten sich die Anwaltsgebühren nach der aufgewandten Arbeit. Sie hängen damit sehr stark davon ab, in welchem Stadium das Verfahren beendet wird.

II. In einem Verfahren, in dem der Kläger entweder eine vertragliche Geldschuld geltend macht oder Schadensersatz verlangt, hat der Beklagte das Recht, zu jeder Zeit, nachdem er sich formell eingelassen hat, einen Betrag bei Gericht als *Hinterlegung (payment into court)* einzuzahlen und die Gegenseite hiervon zu benachrichtigen[4]. Die Hinterlegung kann unbeschadet der Tatsache erfolgen, daß der Beklagte den Klageanspruch bestreitet.

Der Kläger hat demgegenüber das Recht zu wählen, ob er die eingezahlte Summe annehmen[5] und das Verfahren beenden oder ob er den

---

[1] Supreme Court Act, 1925, s. 50 (1).
[2] R.S.C. Ord. 62, r. 3.
[3] R.S.C. Ord. 62, r. 28.
[4] R.S.C. Ord. 22, r. 1 (1), (2).
[5] R.S.C. Ord. 22, r. 3.

Prozeß fortsetzen will. Im ersteren Fall kann er beantragen, daß ihm diejenigen Kosten zuerkannt werden, welche ihm bis zu der Einzahlung entstanden sind. Darüber, ob er diesen Weg gehen will, muß er sich binnen 14 Tagen von dem Zeitpunkt, zu dem er die Nachricht von der Einzahlung erhalten hat, erklären. Wenn er bis zu diesem Zeitpunkt die Einzahlung nicht entgegengenommen hat, so kann er den eingezahlten Betrag nur dann erhalten, wenn entweder ein Urteil zu seinen Gunsten ergeht, durch das ihm ein Betrag mindestens in Höhe der eingezahlten Summe zugesprochen wird, oder wenn ihm durch Beschluß des Vorverfahrensrichters gestattet wird, sein Wahlrecht noch nachträglich auszuüben. Der Vorverfahrensrichter kann einen nach Ablauf der Frist gestellten Antrag nach seinem Ermessen zurückweisen.

Hat der Kläger sich dahin entschieden, den hinterlegten Betrag nicht anzunehmen, und setzt er dementsprechend den Prozeß fort, hat das Gericht bei der Ausübung des ihm bei der Kostenentscheidung zustehenden Ermessens sowohl die Tatsache zu berücksichtigen, daß eine Hinterlegung erfolgt war, als auch die Höhe des hinterlegten Betrages.

§ 69. Das Taxing Office des Supreme Court und die Kostenfestsetzungsbeamten an den übrigen Zivilgerichten

Hauptquelle:
R.S.C. Ord. 62.

I. Das *Taxing Office* ist die Abteilung des Central Office des Supreme Court, in der die Kostenfestsetzungsverfahren des *High Court* (mit Ausnahmen) und des *Court of Appeal* durchgeführt werden[1]. Die 11 Masters of the Supreme Court (Taxing Office) werden vom Lord Chancellor ernannt[2]. Die Amtsbefähigung besitzt, wer 10 Jahre als Solicitor praktiziert hat oder 10 Jahre zugelassener Solicitor ist, sofern der Betreffende bisher Chancery Master, District Registrar oder Official Solicitor am Supreme Court war[3]. Die Taxing Masters haben ihr Amt ‚during good behaviour'[4] und genießen damit die gleiche persönliche Unabhängigkeit wie die unteren Richter des High Court, also die Masters und Registrars. Ranghöchster Master ist der Chief Taxing Master, der die allgemeinen Verfahrensrichtlinien in Kostensachen (Practice Directions) erläßt.

Die Taxing Masters leiten das Taxing Office, sie sind jedoch nicht die einzigen Gerichtsbeamten des Supreme Court, die Kostenfestsetzungs-

---

[1] R.S.C. Ord. 62, r. 12.
[2] Courts Act, 1971, s. 26 (1).
[3] Supreme Court Act, 1925, sch. IV. No. 7; Administration of Justice Act, 1965, s. 24 (1) (b).
[4] Supreme Court Act, 1925, s. 115 (1), s. 127 (1), sch. III Pt. I.

§ 69. Taxing Office

verfahren durchführen können (taxing officers). Neben ihnen sind die Registrars und Principal Clerks der Family Division, der Taxing Master in Bankruptcy, der Admiralty Registrar und die District Registrars für ihre jeweiligen Abteilungen die Kostenfestsetzungsbeamten[5]. Außerdem sind innerhalb des Taxing Office bestimmte Principal Clerks ermächtigt, Kostenfestsetzungsverfahren durchzuführen[6]. Die Taxing Masters können ihnen Weisungen (directions) erteilen, und die Parteien können verlangen, daß ein Taxing Master entscheidet[7].

Als Rechtsmittel gegen eine Entscheidung *(certificate)* eines Taxing Master ist zunächst eine Erinnerung (application for review) zum Taxing Master selbst gegeben[8]. Er kann seine Entscheidung aufheben oder bestätigen. Lehnt der Taxing Master eine Änderung ab, so gibt es eine Erinnerung (application for review) zum Judge[9], der im Chambers-Verfahren tätig wird. Er kann jedoch nach seinem Ermessen auch eine Open-Court-Verhandlung durchführen und die Hinzuziehung von Beisitzern (assessors) anordnen[10]. Soweit ein anderer Taxing Officer, insbesondere ein Chief Clerk entschieden hat, geht die Erinnerung zum Taxing Master[11] und die Beschwerde dann ebenfalls zum Judge. Die Zuständigkeit der Queen's Bench Masters zur Entscheidung über Beschwerden gegen Beschlüsse der Taxing Masters ist ausdrücklich ausgeschlossen[12], daraus wird ersichtlich, daß die Taxing Masters den übrigen Masters gleichgestellt sind.

II. Kostenfestsetzungsbehörde im *County Court* ist der County Court Registrar.

Gegen seine Entscheidung gibt es ein ‚application for review' zum Judge, der bei seiner Entscheidung Assessors (auch ohne Antrag der Parteien) zuziehen kann[13].

III. Der Taxing Officer des *House of Lords* wird vom Clerk of the Parliament ernannt. Es ist der Principal Clerk mit dem Titel Taxing Officer of Judicial Costs. Die Kostenfestsetzung folgt den allgemeinen Regeln[14].

---

[5] R.S.C. Ord. 62, r. 12.
[6] R.S.C. Ord. 62, r. 13 (1).
[7] R.S.C. Ord. 62, r. 13 (4), (3).
[8] R.S.C. Ord. 62, r. 33 (1).
[9] R.S.C. Ord. 62, r. 35 (1).
[10] R.S.C. Ord. 62, r. 35 (3).
[11] R.S.C. Ord. 62, r. 34 (1).
[12] R.S.C. Ord. 32, r. 11 (1) (f).
[13] County Courts Act, 1959, s. 91 (2 A).
[14] Standing Orders of the House of Lords Regulating Judicial Business, made in Pursuance of the Appellate Jurisdiction Act 1876 and subsequent Enactments, Ord. XIII (1).

§ 70. Das Armenrecht (Legal Aid and Advice)

Hauptquellen:

Legal Aid and Advice Act, 1949.
Legal Advice Regulations, 1959.
Legal Aid (General) Regulations, 1971.
Legal Advice and Assistance Act, 1972.

Literatur:

Kraft, Armenrecht in England, 1953.
Law Society, Legal Aid Handbook, 1966.
Matthews/Oulton, Legal Aid and Advice, 1971.
Moeran, Practical Legal Aid, 1969.
Paterson, Legal Aid as a Social Service, 1970.

Im englischen Armenrecht ist zwischen finanzieller Rechtshilfe *(Legal Aid)* und Rechtsberatung *(Legal Advice)* zu unterscheiden[1].

1. Über *Anträge auf Bewilligung des Armenrechts* entscheidet kein Gericht, sondern ein Committee der Law Society[2]. Für die Anträge ist ein besonderer Vordruck vorgesehen, der neben Angaben zur Person und über die Vermögensverhältnisse eine Darstellung des Anspruchsgrundes enthält. In dem Antrag sind die Beweismittel (z. B. Zeugen) zu bezeichnen; Urkunden sind beizufügen.

Das Local Committee bei Verfahren in der ersten Instanz oder das Area Committee bei Rechtsmittelverfahren prüft die Erfolgsaussicht des Vorbringens[3]. Beweise werden nicht erhoben. Die Bewilligung orientiert sich hinsichtlich der Bedürftigkeit am verfügbaren Jahreseinkommen und dem verfügbaren Vermögen des Antragstellers[4]. Die Bewilligung erfolgt durch Zertifikat *(certificate)*[5].

2. Wird dem Antragsteller das Armenrecht bewilligt, hat er regelmäßig einen angemessenen Beitrag zu den Kosten zu leisten[6], der nach der wirtschaftlichen Lage des Antragstellers und nach dem Arbeitsaufwand, den der Prozeß aller Voraussicht nach erfordern wird, im Einzelfall festgesetzt wird. Die Partei, der das Armenrecht gewährt worden ist, kann damit rechnen, daß die Rechtsverfolgung Aussicht auf Erfolg bietet, denn das Local Committee der Law Society gewährt das Armenrecht nur dann, wenn fünf Juristen ein Gutachten abgegeben und die Rechtsverfolgung für aussichtsreich erklärt haben.

---

[1] Legal Aid and Advice Act, 1949, ss. 2 (2); 7 (2).
[2] Legal Aid and Advice Act, 1949, s. 8 (1).
[3] Legal Aid (General Regulations) 1971, reg. 3 (1).
[4] Legal Aid (Financial Conditions) Regulations 1970.
[5] Legal Aid (General Regulations) 1971, reg. 2 (1).
[6] Legal Aid (Financial Conditions) Regulations 1970.

Die Partei, der das Armenrecht bewilligt ist, kann sich den Solicitor und den Barrister selbst aus der Liste der Anwälte aussuchen, die sich bereit erklärt haben, Parteien im Armenrecht zu vertreten.

Die Mittel kommen aus dem Legal Aid Fund[7], der von der Law Society verwaltet und mit staatlichen Mitteln finanziert wird.

3. Wird der Antrag von einem Local Committee der Law Society abgelehnt, so kann der Antragsteller das Area Committee der Law Society anrufen *(appeal)*[8].

Gegen die Entscheidungen der Kommissionen der Law Society gibt es ein Antragsverfahren *(Certiorari-Verfahren)* zum Divisional Court der Queen's Bench Division des High Court, das durch einen Antrag (application) auf Erlaß einer Certiorari-Verfügung (order of certiorari) eingeleitet wird.

Diese Verfügung hebt bei Rechtsverstößen die Entscheidung der Kommission auf. Das Gericht kann die Angelegenheit auch zu neuer Bescheidung (reconsideration) zurückverweisen[9].

§ 71. Schiedsgerichts- und Schiedsurteilsverfahren

Hauptquelle:
Arbitration Act, 1950; R.S.C. Ord. 73.

Literatur:

Aden, Kontrolle über den Schiedsrichter durch das englische Gericht, 1971.
Cohn, Die Englische Schiedsgerichtsbarkeit, 1974.
Ellwood/Coing, Schiedsgerichtsbarkeit, 1972.
Gill, Evidence and Procedure in Arbitration, 1965.
Russel, Law of Arbitration, 1970.
Wolff, England (In: Die Schiedsgerichtsbarkeit), 1948.

I. Die *Schiedsvereinbarung* (arbitration agreement) bedarf der Schriftform[1] und begründet einen materiell-rechtlichen Vertrag über einen prozessualen Gegenstand[2]. Durch sie kann der Rechtsweg nicht ausgeschlossen werden *(ousting the jurisdiction)*[3]. Es steht vielmehr im Ermessen des Gerichts, das Verfahren einzustellen (stay of proceedings) und die Parteien an das Schiedsgericht zu verweisen[4]. Das Schiedsgericht kann jederzeit einzelne Rechtsfragen oder den Schiedsspruch (award) aus

---

[7] Legal Aid and Advice Act, 1949, s. 9.
[8] Legal Aid (General) Regulations 1971, reg. 10 (1).
[9] Zum Verfahren vgl. Supreme Court Practice 1973, para. 4645 (n.).
[1] Arbitration Act, 1950, s. 32.
[2] Heyman v. Darwins, (1942) A.C. 356, 377.
[3] Doleman & Sons v. Osset Corporation, (1912) 3 K.B. 257, 267.

eigener Initiative oder auf Betreiben einer Partei dem High Court zur Entscheidung vorlegen *(statement of special case)*[5]. Weigert sich das Schiedsgericht, einem entsprechendem Antrag nachzukommen, so kann dies gerichtlich erzwungen werden[5a]. Der Schiedsspruch wird vom Gesetz hinsichtlich der Vollstreckbarkeit den staatlichen Urteilen gleichgestellt[6]. Für das erforderliche Antragsverfahren ist der Queen's Bench Master des High Court zuständig.

Der Schiedsspruch ist unter den Parteien der Rechtskraft fähig, die mit derjenigen staatlicher Urteile vergleichbar ist. Verletzungen des Schiedsvertrages durch das Schiedsgericht machen den Schiedsspruch ‚ultra vires' und damit nichtig.

Ein Schiedsspruch kann vom Gericht nicht geändert werden, außer das Gericht erläßt einen Beschluß, mit dem es den Schiedsspruch dem Schiedsrichter zur nochmaligen Erwägung zurückschickt und der geänderte Schiedsspruch innerhalb von drei Monaten seit der Anordnung des Gerichts erlassen wird[6a].

Jeder Judge des *Commercial Court* kann als Schiedsrichter tätig werden, sofern dies in einer gültigen dem englischen Recht unterliegenden Schiedsvereinbarung vorgesehen ist[6b].

Eine Reihe von gesetzlichen Vorschriften tragen der Lage des als Schiedsrichter tätigen Richters dadurch Rechnung, daß sie ihn von einer Anzahl gesetzlicher Bindungen befreien, die das allgemeine Schiedsrecht gewöhnlichen Schiedsrichtern auferlegt. So gelten für ihn nicht die Vorschriften, denen zufolge die Parteien in der Schiedsvereinbarung Fristen für den Erlaß des Schiedsspruches mit bindender Wirkung für den Schiedsrichter aufnehmen können oder das Gericht auf Antrag einer Partei einen Schiedsrichter, der sich des Verfahrens nicht mit der gebotenen Beschleunigung annimmt, seines Amtes entheben kann[6c]. Außerdem sind einige Befugnisse, die sonst nur dem Gericht zustehen, auf den als Schiedsrichter tätigen Richter übertragen worden[6d].

II. Für *Bagatellsachen* sieht das Prozeßrecht der *County Courts* ein *Schiedsurteilsverfahren* vor[7]. Es gilt für vermögensrechtliche Streitig-

---

[4] Arbitration Act, 1950, s. 4.
[5] Arbitration Act, 1950, s. 21.
[5a] Halfdan Grieg & Co. Ltd. v. Sterling Coal Co., (1973) W.L.R. 904.
[6] Arbitration Act, 1950, s. 26.
[6a] Arbitration Act, 1950, s. 22.
[6b] Administration of Justice Act, 1970, s. 4.
[6c] Administration of Justice Act, 1970, sch. 3, s. 6.
[6d] Administration of Justice Act, 1970, sch. 3, ss. 7, 8.
[7] Administration of Justice Act, 1973, s. 7; C.C.R. Ord. 19, r. 1 (2).

§ 71. Schiedsgerichts- und Schiedsurteilsverfahren

keiten bis zu £ 75[8]. Die Verfahrensordnung gibt dem County Court Registrar die Befugnis, alle entsprechenden Verfahren der Schiedsgerichtsbarkeit *(arbitration)* zu unterstellen, auch wenn eine der Parteien widerspricht. Die Parteien können dieses Verfahren[9] auch bei höherem Streitwert prorogieren.

Schiedsrichter *(arbitrator)* ist im Regelfall der County Court Registrar selbst, aber dieser kann auch einen Circuit Judge festsetzen. Die Parteien können auch einen vom Gericht unabhängigen Schiedsrichter (arbitrator) vereinbaren. Die Öffentlichkeit des Verfahrens ist nicht vorgeschrieben[10].

Das Verfahren in der mündlichen Verhandlung (hearing) wird nach den Besonderheiten des Falles festgesetzt; insbesondere sind die strengen Beweisregeln gelockert[11], und die Parteien können den Ablauf mitbestimmen. Die Beauftragung von Solicitors oder Barristers ist nicht ausgeschlossen. Die Verfahrensordnung sieht vor, daß bei Streitigkeiten bis £ 75 Streitwert die unterliegende Partei nur (geringe) Gerichtsgebühren, nicht aber die Kosten der Gegenseite tragen muß, mit Ausnahme besonderer Umstände mit Zustimmung des Schiedsrichters. Die Anwaltsgebühren müssen also auch von der obsiegenden Partei selbst getragen werden.

Der Registrar hat die Befugnis, technische Fragen zur Untersuchung und zur Berichterstattung (for inquiry and report) an Sachverständige (experts) zu verweisen.

Das in diesem Verfahren erlassene *Schiedsurteil (arbitrators award)* hat den Status eines Urteils (judgment of the Court) und ist wie ein solches vollstreckbar. Es kann nur hinsichtlich von Rechtsfragen angegriffen (to set aside) werden.

---

[8] C.C.R. Ord. 19, r. 1 (2).
[9] Vgl. Practice Direction, (1973) 3 All E.R. 448.
[10] Loc. cit. sch. (3).
[11] Loc. cit. sch. (1).

Auswahlbibliographie des englischen Zivilprozeßrechts

Die Auswahlbibliographie umfaßt Arbeiten zur englischen Zivilgerichtsverfassung und zum Zivilprozeß sowie einige rechtsvergleichende Untersuchungen. Eine zeitliche Begrenzung bei den englisch- und deutschsprachigen Titeln wurde aus verschiedenen Gründen nicht versucht: Zum einen, damit die Bibliographie auch als Materialsammlung für eine Darstellung der Justizreformen in England seit 1873 - 1875 bis zur neuerlichen Reform (Courts Act, 1971) dienen kann. Darüber hinaus hat die englische Justiz eine wichtige Rolle bei deutschen Justizreformen in diesem Jahrhundert gespielt, und eine Rezeptionsgeschichte muß ebenfalls auf die ältere Literatur zurückgreifen, die zwar regelmäßig nicht mehr in den Fundstellen, wohl aber für die Darstellung der einzelnen Institutionen wertvoll ist.

Abderhalden, Hildegard: Vormund und Mündel im englischen Recht, verglichen mit französischem und deutschem Recht. Berlin: de Gruyter, 1939. (Beiträge zum ausländischen und internationalen Privatrecht, H. 16.)

Abel, Paul/*Bresch,* Max: „Grundsätze des österreichischen und englischen Zivilprozesses in vergleichender Darstellung". In: Festschrift zur Fünfzigjahrfeier der österreichischen Zivilprozeßordnung. 1898 - 1948. S. 7 - 16. Wien: Manzsche Verlagsbuchhandlung, 1948.

Abel-Smith, Brian/*Stevens,* Robert: Lawyers and the Courts. A Sociological study of the English legal system 1750 - 1965. London: Heinemann, 1967.

— In Search of Justice. Society and the Legal System. London: Penguin Press, 1968.

Abrahams, Henry Julian: The Judicial Process. An Introductory Analysis of the Courts of the United States, England, and France. 2nd ed., London: Oxford University Press, 1968.

Aden, Menno: „Zur materiellen Kontrolle über den Schiedsrichter durch das englische staatliche Gericht. Ein Beitrag zum Verständnis des englischen Schiedsgerichtswesens". In: KTS 32 (1971), S. 1 - 13.

Adickes, Franz: „Grundlinien durchgreifender Justizreform". In: DJZ 11 (1906), Sp. 501 - 509.

— Grundlinien durchgreifender Justizreform. Betrachtungen und Vorschläge unter Verwertung englisch-schottischer Rechtsgedanken. Berlin: Guttenberg, 1906.

— „Herrenhausrede vom 30. 3. 1906". In: DRiZ 53 (1965), S. 258 - 264.

Amend, Hubert: Organisation und Zuständigkeit der Jugendgerichte und Vormundschaftsgerichte in Westeuropa, Skandinavien und den Vereinigten Staaten von Nordamerika. Ein rechtsvergleichender Überblick. Marburg: Dissertation, 1970.

Amos, Maurice Sheldon: „A Day in Court at Home and Abroad". In: C.L.J. 2 (1926), pp. 347 - 349.

Anonym: „Striking out and Res iudicata". In: S.J. 91, p. 592.

Anthony, Ernest/*Berryman*, John Dennis: Magistrates' Court Guide. Ed. by E. Anthony and C. J. Acred. London: Butterworths, 1974.

— Legal Guide to Domestic Proceedings Including Affiliation and Children's Orders. London: Butterworths, 1968.

Archer, Peter: The Queen's Courts. 2nd ed. Harmondsworth: Penguin, 1963.

Arndt: „Bestrebungen auf Einführung einer Zivilprozeßordnung in England". In: DJ 96 (1934), S. 555.

Atkin, James Richard: Atkin's Encyclopaedia of Court Forms in Civil Proceedings. 2nd ed. by Evershed et al. London: Butterworths, 1963 et seq. (1972 -).

Bagehot, Walter: Die englische Verfassung (The English Constitution). Hrsg. K. Streifthau. Neuwied u. Berlin: Luchterhand, 1971. (Politica, Bd. 33).

Bailey, J. E.: The Administration of Justice in the United Kingdom and the United States. København: Schønberg, 1970.

Ball, R. E.: „The Chancery Master". In: L.Q.R. 77 (1961), pp. 331 - 357.

Bartsch, Hans-Jürgen: „Reform des Familienrechts in England. Zum Family Reform Act 1969". In: FamRZ 17 (1970), S. 356 - 361.

Baumann, Joachim: Das Recht der Handelsgesellschaften im englischen Rechtskreis. Berlin: Schmidt, 1961.

Beaumont, Christopher Hubert: The Law Relating to Sheriffs and their Officers. London: Oyez, 1968 (Oyez Practice Notes No. 59).

Beitzke, Günther: „Legitimation nach ausländischem Recht". In: Das Standesamt, 25 (1972), S. 265 - 270.

Bennion, Francis Alan Roscoe: Tangling with the Law: Reforms in Legal Process. London: Chatto, 1970 (Reform Series).

Bentham, Jeremy: Principles of Judicial Procedure. In: The Works of Jeremy Bentham. Publ. by Bowring, Vol. II, Edinburgh 1843. The Collected Works of Jeremy Bentham, Gen. ed. by J. H. Burns. London: University of London, 1968.

Bentwich, Norman: Privy Council Practice. 3rd ed. London: Sweet & Maxwell, 1937.

Bergmann, Alexander/*Ferid*, Murad: Internationales Ehe- und Kindschaftsrecht. Bd. 2: Großbritannien (bearb. von D. Henrich), 3. Aufl. Frankfurt/M.: V. f. Standesamtwesen, 1966 ff. (Lbl. Ausg.).

Berner, Wilhelm: „Franz Adickes — Vater der Justizreform. Werdegang, Werk und Persönlichkeit". In: Rpfl. Bl. 15 - 16 (1967/1968), S. 48 - 51.

Bevan, Hugh Keith: The Law Relating to Children. London: Butterworths, 1973.

Blom-Cooper, Louis J./*Drewry*, Gavin R.: Final Appeal: A Study of the House of Lords in its Judicial Capacity. Oxford: Clarendon, 1972.

— „The Use of Full Courts in the Appellate Process". In: M.L.R. 34 (1971), pp. 364 - 376.

Bohndorf, Michael: „Gehälter der englischen Richter". In: DRiZ 48 (1970), S. 195 - 196.

Boland, D./*Sayer*, B. H.: Oaths and Affirmations. London: Stevens, 1953.

Bonner, George Albert: Practice before the Masters in the King's Bench Division. A Lecture. London: Stevens, 1934.

— The Office of the King's Remenbrancer in England, showing the connection of the office with the old Exchequer and with the modern Treasury. London: Butterworths, 1930.

Boor, Hans Otto de: Die Methode des englischen Rechts und die deutsche Rechtsform. Vortrag. Berlin: Vahlen, 1934 (Schriften der Akademie für Deutsches Recht Nr. 7).

Borchard, Edwin: Declaratory Judgements. 2nd ed. Cleveland: Banks-Baldwin, 1941.

Borrie, Gordon: A Guide to the Courts Act. London: New Society Pamphlets, 1972.

— „The Courts Act 1971". In: N.L.J. 121 (1971), pp. 474 - 476; 505 - 506.

Borrie, Gordon/*Lowe*, Nigel: The Law of Contempt. London: Butterworths, 1973.

Borrie, Gordon/*Pyke*, James: „Administration of Justice Act 1970". N.L.J. 120 (1970), pp. 540 - 542; 564 - 566; 588 - 589.

Boschan, Siegfried: Europäisches Familienrecht. Handbuch 5. Aufl., S. 188 ff. (Großbritannien). München: Vahlen, 1972.

Boulton, William W.: Conduct and Etiquette at the Bar. 5th ed. London: Butterworth, 1971.

— „Die Bar von England und Wales". In: Journal der Internationalen Juristenkommission, 1, I (1957), S. 126.

Bretten, G. R.: „Dismissal for Want of Prosecution". In: N.L.J. 121 (1971), pp. 587 - 588.

Brock, Catherine: The Control of Restrictive Practices from 1956. A Study of the Restrictive Practices Court. London etc: McGraw-Hill, 1966.

Brodie-Innes, John William: Comparative Principles of the Laws of England and Scotland. Courts and Procedure. Edinburgh: Green; London: Stevens, 1903.

Bromley, Peter Mann: Family Law. 4th ed. London: Butterworths, 1971. (Bespr. Giesen, FamRZ 19 (1972), S. 52 - 54).

Brook-Taylor, John Cuthbert/*Booth*, David M.: A Magistrates' Court Handbook. 2nd ed. Chichester: Rose, 1973.

Brown, George G.: The New Divorce Laws Consolidated. London: Shaw, 1970.

Buckley, Henry B.: Buckley on the Companies Acts. Ed. by Lindon, J. B. et al. London: Butterworths, 1968.

Buckley, Margaret: „Civil Trial by Jury". In: C.L.P. 19 (1966), pp. 63 - 83.

Bülow, Arthur/*Böckstiegel*, Karl-Heinz: Der internationale Rechtsverkehr in Zivil- und Handelssachen. Quellensammlung mit systemat. Darstellungen und einer Länderübersicht. München und Berlin: Beck, 3. GrundLfg. 1973.

Bunge, Jürgen: Das untere Richterpersonal und die Richtergehilfen am englischen High Court of Justice. Ein Beitrag zur deutschen Justizreform. Berlin: Schweitzer, 1973. (Bespr. *Cohn* in: ZZP 87 (1974), S. 354 - 357).

— „Englische Richterämter und Justizreform". In: DRiZ 52 (1974), S. 17 - 18.

— „Das untere Richterpersonal und die Richtergehilfen am englischen High Court of Justice". In: Jhb ö.R. (NF) 23 (1974), S. 177 - 207.

Butterworth: Costs in Civil Litigation and Nonlitigious Work. 4th ed. by Rainbird, H. J. C. et al., 2 vols. London: Butterworths, 1971 - (Lbl. Ausg.)

Butts, George Manning: Modern County Court Procedure. 6th ed. London: Oyez, 1966.

Cairns, Alexander: The County Court Pleader, with precedents of claims and defences. 3rd ed. by E. Dennis Smith. London: Sweet & Maxwell, 1957.

Cardozo, Benjamin N.: The Nature of the Judicial Process. 17th print. New Haven et al.: Yale University Press, 1957.

Cecil, Henry, pseud. (i. e. Henry Cecil Leon): The English Judge. rev. ed. London: Arrow Books, 1972.

Central Office of Information, Reference Division, London: The English Legal System. 4th ed. London: H.M.S.O., 1968. (Deutsch: Das englische Rechtssystem, London 1969.)

Chislett, A. J.: Affiliation Proceedings. London: Butterworth, 1958.

— Magistrates' Courts Acts, Rules and Forms. 1953.

Chitty, Thomas/*Jacob*, Isaac H.: Qeen's Bench Forms. 20th ed. London: Sweet and Maxwell, 1969.

Church, Rex (Chairman): Litigants in Person. A Report by Justice. London: Stevens, 1971.

Cockle, Ernest (ed.): Cases and Statutes on Evidence. 10th ed. by G. D. Nokes. London: Sweet and Maxwell, 1963.

Cohen, Lord: „Jurisdiction, Practice and Procedure of the Court of Appeal." In: C.L.J. 11 (1951), pp. 3 - 14.

Cohn, Ernst Josef: „Anerkennung einer in Deutschland erwirkten Scheidung seitens der englischen Gerichte." In: NJW 21,2 (1968), S. 2176 - 2178.

— Das Reich des Anwalts. Anwaltsberuf und Anwaltsstand in England. Heidelberg: Schneider, 1949. (Schriften der Süddeutschen Juristen-Zeitung. H. 7).

— „Beweisaufnahme im Wege der zivilprozessualen Rechtshilfe durch das englische Gericht". In: ZZP 80 (1967), S. 230 - 248.

— Der englische Gerichtstag. Köln usw.: Westdeutscher Verlag, 1956. (Arbeitsgemeinschaft für Forschung des Landes Nordrhein-Westfalen. Geisteswiss. H. 56.)

Cohn, Ernst Josef: „Die materielle Rechtskraft im englischen Recht". In: Festschrift für H. C. Nipperdey zum 70. Geburtstag. Bd. 1. München u. Berlin: Beck, 1965, S. 875 - 893.

— „Richter, Partei und Prozeßvergleich". In: JZ 14 (1959), S. 463 - 467.

— Richter, Staat und Gesellschaft in England. Vortrag. Karlsruhe: C. F. Müller, 1958. (Schriftenreihe der Juristischen Studiengesellschaft H. 37/38).

— „Die Englische Schiedsgerichtsbarkeit. Der Richter als Schiedsrichter." In: AWD 20 (1974), S. 65 - 68.

— „Zur englischen Schiedsklausel". In: AWD 17 (1971), S. 210 - 214.

— „Die Lehre vom Schriftsatz nach englischem Recht". In: ZZP 73 (1960), S. 324 - 335.

— „Sicherheitsleistung für die Prozeßkosten im deutsch-englischen Rechtsverkehr". In: ZZP 78 (1965), S. 161.

— „Zur Wahrheitspflicht und Aufklärungspflicht der Parteien im deutschen und englischen Zivilprozeßrecht". In: Festschrift für F. v. Hippel zum 70. Geburtstag. Tübingen: Mohr, 1967, S. 41 - 61.

Colinvaux, Raoul/*Steel*, David/*Ricks*, Vincent E.: Forms and Precedents. London: Stevens, 1973. (British Shipping Laws. Vol. 6.)

Collins, Hugh Clements: Notes on County Court Practice and Procedure. 3rd ed. London: Oyez, 1974.

Collins, Lawrence: „Some Aspects of Service out of the Jurisdiction in English Law." In: J.C.L.Q. 21 (1972), pp. 656 - 681.

Comegys, Cornelius: A Summer Sojourn among the Inns of Court. (Repr.) Buffalo: Dennis, 1960.

Consumer Council: Justice out of Reach. A Case for Small Claims Courts. A Consumer Council Study. London: H.M.S.O., 1970.

Conway, Charles: The English Legal System in a Nutshell. London: Sweet and Maxwell, 1972.

Coote, Brian: Exception Clauses. London: Sweet and Maxwell, 1964.

Cordery, Arthur: Cordery's Law Relating to Solicitors. 6th ed. by Graham Graham-Green et al. London: Butterworth (Suppl.), 1970.

Cornish, William Rodolph: The Jury. Harmondsworth: Penguin, 1971.

Council of Legal Education, (Publ.): The Consolidated Regulations of the Honourable Societies of Lincoln's Inn, Inner Temple, Middle Temple and Grey's Inn. Revised 31st July, 1968.

County Court Practice — s. *Ruttle*, H. S.

Cowen, D. V.: „Legislature and Judiciary". In: M.L.R. 15 (1952), p. 282; 16 (1953), p. 273.

Cowen, Zelman/*Carter*, Peter Basil: Essays on the Law of Evidence. Oxford: Clarendon Pr., 1956.

Cracknell, Douglas George: Constitutional Law and English Legal System. London: Butterworths, 1963. (Law Students' Companion No. 3.)

Crocioni, P.: Fase preliminare e dibattimento nel processo civile inglese. Padova: Cedam, 1938.

Cross, Rupert: Precedent in English Law. 2nd ed. Oxford: Clarendon, 1968.

Cross, Rupert/*Wilkins*, Nancy: An Outline of the Law of Evidence. 3rd ed. London: Butterworths, 1971.

Cruchley, Ivan: A Handbook on Bankruptcy Law and Practice. 2nd ed. London: Oyez, 1964.

Curti, Artur: Englands Zivilprozess. Berlin: Springer, 1928.

— Englands Privat- und Handelsrecht, Bd. I, Personen-, Familien-, Sachen- und Erbrecht. Berlin: Springer, 1927.

Czirnich, Peter: Die Stellung des „executor" im englischen Recht. München: Dissertation 1962.

Daniell, Edmund Robert: Daniell's Chancery Forms. Forms and Precedents of Proceedings in the Chancery Division, and on Appeal therefrom. 7th ed. by Ch. Hulbert. London: Stevens, 1932.

— Daniell's Chancery Practice. Being a Treatise on the Practice of the Chancery Division, and on Appeal therefrom. 8th ed. by. S. E. Williams. London: Stevens, 1914.

David, Lucas: Die Bindung des Richters an das Präjudiz im englischen Recht. Winterthur: Keller, 1962 (Dissertation Zürich).

David, Réne: Les grands systèmes de droit contemporains. Paris: Dalloz, 1973.

— Le Droit anglais. 2me. éd. Paris: Press universitaire de France, 1969.

Derrett, J. Duncan M. (ed.): An Introduction to Legal Systems. London: Sweet and Maxwell, 1968.

Devlin, Patrick Arthur: Trial by Jury. 3rd impr. London: Stevens, 1966.

Drewry, Gavin: „Judgement on Leapfrogging". In: N.L.J. 122 (1972), p. 698.

— „Leapfrogging to the Lords". In: N.L.J. 118 (1968), pp. 1084 - 1085.

Diamond, Arthur Sigismund: „English Interlocutory and Pretial Practice and Procedure". In: A.B.A.J. 47 (1961), p. 700.

— „The Queen's Bench Master". In: L.Q.R. 76 (1960), p. 504.

— „The Summons for Directions". In: L.Q.R. 75 (1959), pp. 43 - 52.

Dickey, Anthony: „The Province and Functions of Assessors in English Courts". In: M.L.R. 33 (1970), pp. 494 - 507.

Dilhorne, Lord: „Struktur und Funktion englischer Gerichte". In: DRiZ 41 (1963), S. 384 - 387.

Domke, Martin: Commercial Arbitration. Englewood Cliffs: Prentice Hall, 1965.

Donaldson, David Torrance: Das eheliche und nacheheliche Unterhaltsrecht in England und seine Entwicklung im Vergleich mit den Grundzügen des deutschen Rechts. München: Dissertation 1967.

Du Cann, Richard: The Art of the Advocate. London: MacGibbon, 1965.

Eckstein, Felix: Das englische Konkursrecht. Berlin usw.: de Gruyter, 1935. (Beiträge zum ausländischen und internationalen Privatrecht. H. 12.)

Eddey, Keith James: The English Legal System. London: Sweet & Maxwell, 1971.

Eddy, John Percy: The Justices' Handbook. A Guide to Law, Evidence and Procedure in Magistrates' Courts. 3rd ed. London: Stevens, 1953.

— Justice of the Peace. London: Cassel, 1963.

Edwards, William H. (ed.): The Solicitors' Diary, Almanac and Legal Directory. 129th ed. London: Waterlow, 1974.

Elcock, H. J.: Administrative Justice. London: Longmans, 1969.

Ellwood, L. A.: „Länderbericht Großbritannien". In: *Coing* u. a., Materielles Recht und Verfahrensrecht in der internationalen Schiedsgerichtsbarkeit. Frankfurt: Metzner, 1972, S. 25 - 34. (Arbeiten zur Rechtsvergleichung. H. 60.)

Encyclopaedia: s. *Atkin, Jory.*

Ensor, R. C. K.: Courts and Judges in France, Germany and England. London: Oxford University Pr., 1933.

Erskine, M.: „The Selection of Judges in England. A Standard for Comparison". In: A.B.A.J. (1953), p. 279 et seq., p. 348 et seq.

Evershed, Raymond: The Court of Appeal in England. London: Athlone Pr., 1950.

Farnborough, Louis Henry: „Das neue englische Ehescheidungsrecht. Ein Beitrag zur Diskussion über die Reform des deutschen Scheidungsrechts". In NJW (1971), S. 311 - 312.

— „Anerkennung einer in Deutschland erwirkten Scheidung seitens der englischen Gerichte (Stand v. 1. 1. 1974)". In: NJW (1974), S. 396 - 398.

Ferid, Murad: „‚Contempt of Court' im Zivilprozeß und ähnliche Regelungen in anderen Rechten". In: Acta academiae universalis iurisprudentiae comparativae. Vol. 3,5 (1956), S. 177 - 209.

Ferid, Murad/*Firsching,* Karl: Internationales Erbrecht, Bd. III „Großbritannien", bearb. von Dieter Henrich. München: Beck, 1969.

Field, Frank: „Poor People's Courts". In: N.L.J. 122 (1972), pp. 1007 - 1008.

Fleck, Rudolf: Rechtsverfolgung im Auslandsgeschäft. Anerkennung und Vollstreckung von Urteilen im Ausland. Gerichtsstandsvereinbarungen. 2. Aufl. Köln: Deutscher Wirtschaftsdienst, 1955. (Schriften zur Außenhandelsförderung der Bundesstelle für Außenhandelsinformation. H. 5.)

Forbes, Thayne: Divorce Law. 2nd ed. London: Macdonald & Evans, 1972.

Frackenpohl, H.: Das englische Konkursverfahren. Hamburg: Dissertation 1933.

Frank, Jerome: Courts on Trial. Princeton N.J.: Princeton University Pr., 1950.

Franks, Michael: Limitation of Actions. London: Sweet & Maxwell, 1959.

Franqueville, A. C. F. de: Le système judiciaire de la Grande Bretagne. Paris: Rothschild, 1893.

Freedland, Mark Robert: Attachment of Earnings. A Guide to the Attachment of Earnings Act 1971. London: Jordan, 1971.

Freeman, M. D. A.: „Precedent and the House of Lords". In: N.L.J. 121 (1971), pp. 551 - 552.

Fridman, G. H. L./*Hicks,* I./*Johnson,* E. C.: Bankruptcy Law and Practice. London: Butterworths, 1970.

Friedland, Martin L.: Double Jeopardy. Oxford: Clarendon Pr., 1969.

Garner, J. F./*Galbraith,* A. R.: Judicial Control of the Administrative Process. Report of a Conference. Oxfordshire: Ditchley F., 1969.

Geimer, Reinhold/*Schütze,* Rolf A.: Internationale Urteilsanerkennung. Kommentar zum Vertrag mit Österreich und zu den Abkommen mit Belgien, Großbritannien und Nordirland, Bd. II. München: Beck, 1971.

Gerland, Heinrich Balthasar: Die englische Gerichtsverfassung in ihrer gegenwärtigen Entwicklung und die deutsche Gerichtsreform. Vortrag. Berlin: Curtius, 1908.

— Die englische Gerichtsverfassung. Eine systematische Darstellung. 2 Halbbd. Leipzig: Göschen, 1910.

— Die Beziehungen zwischen dem Parlament und den Gerichten in England. Eine rechtsvergleichende Studie. Berlin usw.: de Gruyter, 1928. (Beiträge zum ausländischen öffentlichen Recht und Völkerrecht. H. 10.)

— „Das Rechtsmittelsystem des englischen Zivilprozesses." In: Rheinische Zeitschrift für Zivil- und Prozeßrecht, 14 (1926), S. 154 - 179.

— Englische Rechtsprobleme und die deutsche Zivilprozeßreform. Berlin: Springer, 1930. (Prozeßrechtliche Abhandlungen. H. 3.)

— Die Einwirkung des Richters auf die Rechtsentwicklung in England. Berlin usw.: Rothschild, 1910. (Zivilprozeßrechtliche Forschungen. H. 6.)

Gibb, Andrew Dewar: The International Law of Jurisdiction in England und Scotland. Edinburgh: Hodge et al., 1926.

Gibson, Albert: Gibson's Probate. 17th ed. by H. J. B. Cockshutt and A. G. Coates. London: Law Notes L.L., 1966.

Giles, Francis Treseder: The Magistrates' Courts. (new ed.) London: Stevens, 1963.

Gill, William Henry: Evidence and Procedure in Arbitration. London: Sweet & Maxwell, 1965.

Gordon, D. M.: „Action on a Judgement under Appeal". In: L.Q.R. 84 (1968), pp. 318 - 329.

Gower, L. C. B.: „The Cost of Litigation". In: M.L.R. 17 (1954), pp. 1 - 23.

Grant, Derek Willis/*Cook,* H. S.: Adoption Proceedings in Juvenile Courts. A Guide to the Law and Practice of Adoption Proceedings before Magistrates. Chichester: Rose, 1972.

Grant, Hubert Brian: Family Law. 2nd ed. by J. Levin. London: Sweet & Maxwell, 1973.

Graupner, Rudolf: „Zum Abschluß von Gerichtsstandsvereinbarungen nach englischem Recht." In: AWD 19 (1973), S. 129 - 130.

Greenbaum, Edward Samuel/*Reade,* L. I.: The King's Bench Masters and English Interlocutory Practice. Baltimore (Mar.): Johns Hopkins Pr., 1932.

Gregory, R. C. L.: County Courts Branch. Lord Chancellor's Department. *County Court Manual.* An introductory textbook for use in County Courts and District Registries of the High Court. 4th ed. London: H.M.S.O., 1962.

Grierson, Edward: Confessions of a County Magistrate. London: Gollancz, 1972.

Griffith, John Aneurin Gray: „Judges in Politics: England". In: Government and Opposition, 3 (1968), pp. 485 - 498.

Griffiths, Oswald: The Law relating to Bankruptcy, Deeds of Arrangement, Receiverships and Trusteeship. London: 1957.

Grivart de Kerstrat, Francoise: La mise en état du procès civil anglais devant la High Court (Queen's Bench Division) et le rôle du Master (Thèse). Université Aix-Marseilles, 1970.

Grzybowski, Kazimierz: „Court Reform in England". In: The American Journal of Comparative Law, 21 (1973), pp. 447 - 451.

Gutermuth, Paul-Georg: Die Geltendmachung der Unehelichkeit einer ehelich geborenen Person in England und den USA in vergleichender Darstellung mit dem deutschen Recht. Münster: Dissertation 1964.

Gutteridge, H. C.: „Großbritannien". In: Rechtsvergleichendes Handwörterbuch für das Zivil- und Handelsrecht des In- und Auslandes. Hrsg. F. Schlegelberger. Berlin: Vahlen, Bd. I, 1929, S. 78 ff.

H. L.: „Über englische Gerichtsorganisation und Zivilrechtspflege". In: SJZ (1909), S. 342 - 344.

Hagemann, Ludger: Ist die Einrichtung des englischen Reiserichtertums für die europäische Gerichtsbarkeit verwendbar? München: Dissertation 1967.

Hamson, C. J.: „English and French Legal Method: Civil Procedure." In: Judicial Review (Edinburgh), 67 (1955), pp. 185 et seq.

— „Le trial anglais". In: Revue internationale de droit comparé, (1956), S. 529 - 537.

Hamson, C. J./*Plucknet*, T. F. T.: The English Trial and Comparative Law. Cambridge: Heffer, 1952.

Hanbury, Harold Greville: English Courts of Law. 4th ed. prep. by D. C. M. Yardley. London: Oxford University Pr., 1967.

Hankinson, J. K.: The County Courts. London: Oyez, 1962.

Hardy-Ivamy, E. R.: „Nautical Assessors in Collision Actions". In: L.J. 111 (1961), pp. 164 - 166.

Harris, Brian: Maintenance and Custody Orders in the Magistrates' Courts. Chichester: Rose, 1973.

Henkel, Joachim: England. Rechtsstaat ohne „gesetzlichen Richter". Frankfurt/M.: Metzner, 1971. (Bespr. D. Henrich in: ZZP 85 (1972), S. 110 - 111).

Henrich, Dieter: Einführung in das englische Privatrecht. Darmstadt: Wissenschaftliche Buchgesellschaft, 1971.

Heward, Edmund: Guide to Chancery Practice. 4th ed. London: Wildly, 1972.

Heyde, W.: Das Minderheitsvotum des überstimmten Richters. Bielefeld: Gieseking, 1966. (Schriften zum deutschen und europäischen Zivil-, Handels- und Prozeßrecht. H. 37.)

Heywood, Nathaniel Arthur: Court of Protection Practice. (by) Heywood & Massey. 9th ed. by Donald G. Hunt et al. London: Stevens, 1971.

Hibbert, W. Nembhard: The Law of Evidence. A Handbook for Students and Practitioners. 6th ed. London: Pitman, 1933.

Holdsworth, William S.: „The Constitutional Position of the Judges". In: L.Q.R. 48 (1932), pp. 25 et seq.

Holland, Winifred H.: Constitutional Law and English Legal System. 3rd ed. London: Butterworths, 1973.

Holloway, Derrick Robert Le Blond: A Probate Handbook. 3rd ed. London: Oyez, 1973.

Homberg-Stäheli, Daniela: Das Minderheitsvotum des überstimmten Richters. Zürich: Dissertation 1973.

Honegger, Peter: Die Amtsentsetzung des Richters. Zürich: 1949.

Honig, F.: „Die bindende Kraft von Urteilen höherer Gerichte im englischen Recht. Betrachtungen zur neueren Rechtsprechung". In: SJZ (1951), S. 121 bis 125.

Huebner, M. D.: „The Courts Act 1971. An Outline of the New System". In: N.L.J. 121 (1971), pp. 1136 - 1137; 121 (1971), pp. 1161 - 1162; 122 (1972), pp. 4 - 5.

Humphreys, Thomas Stanworth: Humphreys' Notes on Matrimonial Causes Proceeding in County Courts and District Registries. 11th ed. by H. C. Collins. London: Oyez, 1973.

— Humphreys' Notes on District Registry (High Court of Justice) Practice and Procedure. 18th ed. by Hugh C. Collins. London: Oyez, 1971.

Institute of Juidicial Administration: A Guide to Court Systems. 3rd ed. New York: 1962.

Institute of Judicial Administration, University of Birmingham (ed.): The Domestic and Matrimonial Jurisdiction of Magistrates' Courts and County Courts. Birmingham: 1973.

Jackson, Joseph: The Formation and Annulment of Marriage. 2nd ed. London: Butterworths, 1969.

Jackson, Paul: Natural Justice. London: Sweet & Maxwell, 1973.

Jackson, Richard Meredith: The Machinery of Justice in England. 6th ed. Cambridge: Cambridge Univ. Pr., 1972.

Jacob, Isaac H.: A Conspectus of the English Civil Trial. Ungedr. Masch.schr. Anglo-American Legal Exchange, 1973.

— „The Inherent Jurisdiction of the Court". In: C.L.P. 23 (1970), pp. 23 - 52.

— „The Present Importance of Pleading". In: C.L.P. 13 (1960), pp. 171 - 191.

— „The English System of Civil Proceedings". In: Common Market Law Review, 1 (1963 - 64), pp. 294 - 317.

— (Gen.Ed.): The Supreme Court Practice 1973. 2 Vols. London: Sweet & Maxwell, et al., 1972 („White Book").

Jacob, Isaac H./*Simmons*, F.: The Machinery of the Central Office. Ungedr. Masch.schr. Anglo-American Legal Exchange, 1973.

Jacob, Isaac H./*Wheatcroft*, G. S. A.: „Courts and Methods of Administering Justice". In: Third Commonwealth and Empire Law Conference. Sydney, Australia, 25th August - 1st September 1965. London: Sweet & Maxwell, 1966, pp. 305 - 323.

Jaeckle, Rainer: Grundsätze des englischen Zivilrechts. Frankfurt/M.: Müller-Bodenberger, 1957.

Jaeger, Ernst: Konkursordnung mit Einführungsgesetzen. 8. Aufl. von Lent, Fr. u. a. Bd. I, Einl. V 9. Berlin: de Gruyter, 1958.

Jaffe, Louis Leventhal: English and American Judges as Lawmakers. Oxford: Clarendon Press, 1969.

Jenkins, Wilfrid John: The Courts of Justice. Exeter: Wheaton, 1967.

Johnson, E. L.: Family Law. 2nd ed. London: Sweet & Maxwell, 1965.

Johnstone, Quintin/*Hopson*, Dan: Lawyers and their Work. An Analysis of the Legal Profession in the United States and England. Indianapolis: Bobbs-Mervill, 1967.

Jolowicz, J. A.: „Fundamental Guarantees in Civil Litigation: England". In: Fundamental Guarantees of the Parties in Civil Litigation. Ed. by M. Cappelletti and D. Tallon. Milano: Giuffré, 1973, S. 121 - 173. (Studies in Comparative Law. No. 5.)

Jones, A. E.: Probleme der Jugenderziehung im englischen Recht. Köln: Volker, 1946.

Jones, Colin Edward: An Elementary Introduction to the Work of a Magistrates' Court. Chichester: Barry Rose, 1972.

Jones, L. Rouse: Magistrates' Courts. Jurisdiction, Procedure, and Appeals. London: Sweet & Maxwell.

Jordan, Francis George Ronald: Notes on Chancery Practice. 3rd ed. London: Solic. Law St. Soc., 1956.

— Wards of Court and Guardianship Proceedings in the High Court. 2nd ed. London: Oyez, 1962. (Oyez Practice Notes. No. 21.)

Jory, L. G. (ed.): The Encyclopaedia of Forms and Precedents other than Court Forms. 24 vols. 4th ed. London: Butterworths, 1973 (Curr. Service).

Josling, John Francis: Adoption of Children. 7th ed. London: Oyez, 1972. (Oyez Practice Notes No. 3.)

— Execution of a Judgment Including Other Methods of Enforcement. 4th ed. London: Oyez, 1966.

— Summary Judgment in the High Court. 3rd ed. London: Oyez, 1964. (Oyez Practice Notes No. 16.)

— Periods of Limitation. 4th ed. London: Oyez, 1973. (Oyez Practice Notes No. 25.)

Kade, Theo: Richterliche Kontrolle von formularmäßigen Haftungsfreizeichnungen im englischen Recht. Bonn: Röhrscheid, 1970. (Bonner rechtswissenschaftliche Abhandlungen 87.)

Kaplan, Benjamin: „An American Lawyer in the Queen's Courts: Impressions of English Civil Procedure". In: Michigan Law Review, 69 II (1971), pp. 821 - 846.

— „Civil Procedure. Reflections on the Comparisons of Systems". In: Buffalo Law Review, 9 (1960), p. 430.

Karlen, Delmar: Appellate Courts in the United States and England. New York: New York Univ.Pr., 1963.

Kayser, Uwe: Die Auswahl der Richter in der englischen und amerikanischen Rechtspraxis. Berlin: Duncker & Humblot, 1969. (Schriften zum öffentlichen Recht, Bd. 94.) (Bespr. R. Wetzel in: ZZP 84 (1971), S. 111 - 113.)

Ker, B. S.: Wills, Probate, and Administration. A Manual of the Law. London: Sweet & Maxwell, 1959.

Kerr, W. W.: Kerr on the Law and Practice as to Receivers. 14th ed. by Walton Walter Raymond. London: Sweet & Maxwell, 1972.

Kiralfy, Albert K. R.: The English Legal System. 5th ed. London: Sweet & Maxwell, 1973.

Knittel, Eberhard: Das englische Schwurgericht. Bonn: Röhrscheid, 1968. (Rechtsvergleichende Untersuchungen zur gesamten Strafrechtswissenschaft. N.F., H. 38.)

Koellreutter, Otto: „Staat und Richterrecht in England und Deutschland". In: Der Rechtsgang, 2 (1916), S. 241 - 266.

— Richter und Master. Ein Beitrag zur Würdigung des englischen Zivilprozesses. Freiburger Dissertation. Leipzig: Rothschild, 1908. (Zivilprozeßrechtliche Forschungen. H. 1.)

Kohler, Josef: „Zum englischen Civilprocess. Schuster: Die Bürgerliche Rechtspflege in England". In: Gesammelte Beiträge zum Civilprocess. Berlin: Heymann, 1894, S. 584 - 591. (Zeitschrift für deutschen Civilprocess XI, S. 208 - 214.)

Kraft, A. M.: „Das Armenrecht in England". In: NJW (1953), S. 1905 - 1906.

Kuhn, Arthur K.: Principes de Droit Anglo-Américain. Droit Privé et Droit Procédure. Paris: Lib. Gen. de Droit, 1924.

Langan, Peter Saint John: Civil Procedure and Evidence. London: Sweet & Maxwell, 1970.

Langendorf, Hans: Prozeßführung im Ausland und Mängelrüge im ausländischen Recht, Bd. II: Großbritannien und Nordirland. Hagen: v. d. Linnepe, 1956 (Losebl.).

Laskin, Bora: The Institutional Character of the Judge. Jerusalem: Magnes Pr.; Oxford: Univ.Pr., 1972.

Latey, William: Latey on Divorce. The Law and Practice in Divorce and Matrimonial Causes. 15th ed. London: Longman, 1973.

Latham, Cecil Thomas/*Rickard*, A. R.: The Dotrine of ‚functus officio'. Chichester: Justice of the Peace, 1971.

Law Commission: Family Law. Report on Jurisdiction in Matrimonial Causes. London: H.M.S.O., 1972. (Law Com. No. 48).

— Report on the Powers of Appeal Courts to sit in private and the Restrictions upon Publicity in Domestic Proceedings. London: H.M.S.O., 1966 (Cmnd. 3149).

— Blood Tests and the Proof of Paternity in Civil Proceedings. London: H.M.S.O., 1968.

Law Society (ed.): Legal Aid Handbook. 3rd ed., prep. by the Law Society. London: H.M.S.O., 1966.

Leske, Franz/*Löwenfeld,* W. (Hrsg.): Rechtsverfolgung im internationalen Verkehr. Bd. 1 „Großbritannien und Irland". S. 266 ff. v. R. Campbell. Köln usw.: Heymann, 1965.

Lewinski, Karl von: England als Erzieher? Berlin: Vahlen, 1907. (Gruchots Beiträge, 51 (1907), H. 1/2.)

Lewis, John Royston: Civil and Criminal Procedure. London: Sweet & Maxwell, 1968.

Lieber, Franz: Über die Unabhängigkeit der Justiz oder die Freiheit des Rechts in England und in den Vereinigten Staaten. Heidelberg: 1848.

Liebscher, Viktor: „Das englische Gerichtswesen". In: (Österreichische) JBl. (1964), S. 180 - 186.

Lienert, Herta: Der Contempt of Court im Anglo-Amerikanischen Recht. Freiburg: Dissertation 1956.

Linke, Hartmut: Die Versäumnisentscheidungen im deutschen, österreichischen, belgischen und englischen Recht. Ihre Anerkennung und Vollstreckbarkeitserklärung. Bielefeld: Gieseking, 1972. (Schriften zum deutschen und europäischen Zivil-, Handels- und Prozeßrecht. Bd. 71.)

Lloyd, Dennis/*Keeton,* George W. (eds.): Civil Courts, Procedure and Pleading. In: The United Kingdom. The Development of its Laws and Constitutions. London: Stevens, 1955.

Lockwood, Leonhard C.: Solicitor's Clerk in Court. London: Sweet & Maxwell, 1968.

Löwenkamp, Hans: Die Lehre vom Schriftsatz in ausländischen Zivilprozeßsystemen. Erlangen: Dissertation 1965.

Loewenstein, Karl: Staatsrecht und Staatspraxis von Großbritannien. Bd. II (Justiz — Verwaltung — Bürgerrechte). Berlin usw.: 1967.

Lund, Thomas: Professional Conduct and Etiquette of Solicitors. London: Law Society, (repr.) 1968.

Lubbers, Anton Gerard: Mondeling en schriftelijk bewijs naar Engels en Nederlands burgerlijk recht. Proeve ener rechtsvergelijkende beschouwing. Amsterdam: Paris, 1955.

Magnus, Julius: Die höchsten Gerichte der Welt. Leipzig: Moser, 1929.

Magnus, Samuel Wolf/*Estrin,* M.: Companies Law and Practice. 4th ed. London: Butterworths, 1968 - 71. Suppl. 1974.

Maitland, Frederic William: The Forms of Action at Common Law. 2nd ed. by A. H. Chaytor and W. J. Whittaker. Cambridge: University Press, 1962.

Manchester, A. H./*Whetton,* J. M.: „Marital Conciliation in England and Wales". In: J.C.L.Q. 23 (1974), pp. 339 - 382.

Mann, Fritz Alexander: Die deutsche Justizreform im Lichte englischer Erfahrungen. Vortrag. Karlsruhe: Müller, 1965. (Juristische Studiengesellschaft, Karlsruhe, H. 63.)

Mannes, Bruno: „Die Anerkennung ausländischer Ehescheidungsurteile in Großbritannien". In DRiZ 50 (1972), S. 204 - 206.

Marshall, Geoffrey: „Justiciability". In: Oxford Essays in Jurisprudence, 1961, S. 265 - 287.

Marshall, O. R.: Assignment of Choses in Action. London: Pitman, 1950.

Marton, Johann Heinrich: „Zur Reform des Scheidungsrechtes in England". In: ZRP (1970), S. 140 - 141.

Mason, G. F. Peter: „Stare decisis in the Court of Appeal". In: M.L.R. 19 (1956), pp. 136 - 149.

Mason, J. F.: Civil Procedure in a Nutshell. London: Sweet & Maxwell, 1968.

Mathew, James Charles: Mathew's Practice of the Commercial Court. 2nd ed. by A. D. Colman. London: Butterworths, 1967.

Matthews, E. J. T./*Oulton*, A. D. M.: Legal Aid and Advice under the Legal Aids Acts 1949 to 1964. London: Butterworths, 1971.

Maurice, Spencer Gascoyen: Family Provision Practice. 3rd ed. London: Oyez, 1970. (Oyez Practice Notes, No. 33.)

McClean, J. D./*Patchett*, K. W.: „English Jurisdiction in Adoption". In: J.C.L.Q. 19 (1970), pp. 1 - 23.

McCleary, Robert: McCleary's County Court Precedents. 2 vols. 4th ed. by Pryke, J. W., London: Butterworths, 1973.

McCleary: Wie man in England Recht spricht. Mit einer Einführung von Adolf Grabowsky. Berlin: Nauck, 1950.

McGregor, O. R.: Divorce in England. A Centenary Study. Melbourne: Heinemann, 1957.

McGuffie, Kenneth C.: British Shipping Laws. Vol. I Admiralty Practice. 1964. Vol. IV The Law of Collisions at Sea. 1961. London: Stevens.

McKenna: „The Judge and the Common Man". In: L.R. 32 (1969), p. 601.

McMillan, Lord: „Lords of Appeal in Ordinary". In: L.J. 97 (1947), p. 541.

Megarry, Robert E.: Lawyer and Litigant in England. London: Stevens, 1962.

Mendelssohn Bartholdy, Albrecht: Das Imperium des Richters. Ein Versuch kasuistischer Darstellung nach dem englischen Rechtsleben im Jahre 1906/07. Straßburg: 1912.

— Grenzen der Rechtskraft. Leipzig: Duncker & Humblot, 1900.

Millar, Robert Wyness: Civil Procedure of the Trial Court in Historical Perspective. New York: The Law Center of New York Univ., 1952.

— „La ‚ficta confessio' come principio di allegazione nella procedura civile anglo-americana". In: Studi di diritto processuale in onore di Guiseppe Chiovenda. Padova: Cedam, 1927, S. 583 - 626.

— „Beneficium novorum Anglo-American Civil Procedure". In: Scritti giuridici in onore di Francesco Carnelutti. Vol. II. Padova: Cedam, 1950.

Milton, Frank: The English Magistracy. London: Oxford University Press, 1967.

Moeran, Edward: Practical Legal Aid. London: Oyez, 1969.

Moir, Esther: The Justice of the Peace. Harmondsworth: Penguin, 1969.

Morris, J. H. C.: „Nullity Jurisdiction and Remarriage During Voidable Marriage". In: L.Q.R. 61 (1945), pp. 341 - 346.

Morrison, Fred. L.: Courts and the Political Process in England. London/Beverly Hills: Sage, 1973.

Motsch, Richard: „Das englische Scheidungsreformgesetz 1969". In: FamRZ (1970), S. 352 - 355.

Müller-Freienfels, Wolfram: „Über ‚Familiengerichte' insbesondere in den USA". In: ZVerglRW 2 (1973), S. 117 - 175.

Mumford, Gilbert H. F.: A Guide to Juvenile Court Law. 6th ed. London: Jordan, 1970.

Munkman, John H.: The Technique of Advocacy. London: Stevens, 1951.

Nagel, Heinrich: Die Grundzüge des Beweisrechts im europäischen Zivilprozeß. Eine rechtsvergleichende Studie. Baden-Baden: Nomos, 1967. (Bespr. E. Peters in: ZZP 82 (1969), S. 321 ff.)

Newman, K. M.: Das englisch-amerikanische Beweisrecht. Heidelberg: Schneider, 1949.

Nield, Basil: Farewell to the Assizes: The sixty-one Towns. London: Garnstone Press, 1972.

Nokes, G. D.: „The English Jury and the Law of Evidence". In: Tulane Law Review, 31 (1956), p. 156.

Oberloskamp, Helga: Die materiellen Ehevoraussetzungen. Eine vergleichende Gegenüberstellung des französischen, englischen und deutschen Rechts. Bonn: Dissertation 1972.

— „Ehenichtigkeit und Eheaufhebbarkeit. Eine Gegenüberstellung des deutschen Eheschließungsrechts und der Reformvorschläge der Eherechtskommission beim Bundesministerium der Justiz (1972) mit dem englischen Eheschließungsrecht nach Inkrafttreten des ‚Nullity of Marriage Act, 1971'." In: FamRZ 20 (1973), S. 574 - 580.

Odgers, William Blake: Odgers' Principles of Pleading and Practice in Civil Actions in the High Court of Justice. 20th ed. by G. F. Harwood and B. A. Harwood. London: Stevens, 1971.

Oke, George Colwell: Oke's Magisterial Formulist. 17th ed. by W. Scott (4th cum. n. by A. R. Rickard). London: Butterworths, 1972.

Orange, Richard Brian: Reminder on County Court Costs. 7th ed. rev. by Hugh C. Collins. London: Oyez, 1970.

Ormerod, Arthur Hereward: The English Bar and Supreme Court Civil Litigation. London: 1957.

Page, Leo Francis: Justice of the Peace. 3rd ed. by R. M. Jackson et al. London: Faber, 1967.

Palley, Claire: „The Judicial Committee of the Privy Council as Appellate Court — the Southern Rhodesian Experience". In: Public Law (1967), pp. 8 - 29.

Park, William Dennis: Collection of Debts. 3rd ed. London: Oyez, 1972. (Oyez Practice Notes No. 43.)

— Notes on Discovery and Inspection of Documents in Civil Proceedings. London: Oyez, 1967. (Oyez Practice Notes No. 58.)

Passingham, Bernhard: The Divorce Reform Act 1969. London: Butterworths, 1970.
— The Matrimonial Proceedings and Property Act 1970. London: Butterworths, 1970.
— Law and Practice in Matrimonial Causes. London: Butterworths, 1971.
Paterson, A.: Legal Aid as a Social Service. London: Cobden, 1970.
Patey, Jacques: La Commission judiciaire du Conseil privé du Roi d'Angleterre. (The Judicial Committee of the Privy Council.) Paris: Rousseau, 1938. (Publication de L'Institut de droit comparé de l'Université de Paris. Sér. 1.)
Patterson, Caleb Parry: The Administration of Justice in Great Britain. Austin (Texas): 1936.
Payne, William: Carriage of Goods by Sea. 9th ed. by Edward Richard Ivamy. London: Butterworths, 1972.
Pennington, Robert R.: Company Law. 2nd ed. London: Butterworths, 1967.
Peter, Hans: Actio and Writ. Eine vergleichende Darstellung römischer und englischer Rechtsbehelfe. Tübingen: Mohr, 1957. (Untersuchungen zur vergleichenden allgemeinen Rechtslehre und zur Methodik der Rechtsvergleichung. 2.)
Peters, Willibald: Das englische bürgerliche Streitverfahren und die deutsche Zivilprozeßreform. Berlin: Vahlen, 1908.
Picot, Jean: La Cour commerciale «Commercial Court» de Londres. Paris: Rousseau, 1937.
Pfiffner, Enzo: Schuldnerhaft und Personalarrest im Vollstreckungsverfahren. Eine Darstellung der in den Gesetzgebungen von Deutschland, Österreich, Frankreich, Italien und England heute noch bestehenden persönlichen Zwangs- und Sicherheitsmaßnahmen. Winterthur: Keller, 1957.
Phipson, Sidney Lovell: Phipson on Evidence. 11th ed. by J. H. Buzzard et al. London: Sweet & Maxwell, 2nd suppl. 1972. (The Common Law Library. No. 10.)
— Phipson's Manual of the Law of Evidence. 10th ed. by D. W. Elliot. London: Sweet & Maxwell, 1972.
Preston, Cecil Herbert Sansome/*Newson*, George Harold: Limitation of Actions. 3rd ed. by G. H. Newsom and Lionel Abel-Smith. London: Solic. Law Stat. Soc., 1953 - 54.
Pritt, Denis Nowell: The Apparatus of the Law. London: Lawrence & Wishart, 1971. (Law, Class and Society. Book 2.)
Pugh, Leslie Mervyn: Matrimonial Proceedings before Magistrates. 3rd ed. by L. M. Pugh and J. B. Horseman. London: Butterworths, 1974.
Radbruch, Gustav: Der Geist des englischen Rechts. 5. Aufl., Göttingen: 1965.
Radcliffe, Geoffrey Reynolds Yonge: Radcliffe and Cross, The English Legal System. 5th ed. by G. Cross and G. J. Hand. London: Butterworths, 1971.

Raeburn, Walter: „Das Recht auf wirksame Rechtsdurchsetzung und unparteiisches Gerichtsverfahren im Common Law". In: Weltjahr für Menschenrechte, Journal der Internationalen Juristenkommission, Bd. 9,1 (1968), S. 21 - 35.

Rayden, William: Rayden's Law and Practice in Divorce and Family Matters in the High Court, County Courts, and Magistrates Courts. 11th ed. by J. Jackson et al. London: Butterworths, Suppl. 1972.

Redman, William Henry: ABC Guide to the Practice of the Supreme Court: 1964. 38th ed. London: Sweet & Maxwell, 1963.

Rees, D. Perronet: Rees' Divorce Handbook. ed. of Rees' Probate and Divorce Handbook. London: Butterworths, 1971.

— Rees' Probate Handbook. 3rd ed. of Rees' Probate and Divorce Handbook. London: Butterworths, 1964.

Reynold, Frederic: The Judge as Law-Maker. London: Mac Gibbon & Kee, 1967.

Reynold, Heinrich: Justiz in England. Eine Einführung in das englische Rechtsleben. Köln usw.: Heymann, 1968. (Bespr. E. J. Cohn in: ZZP 82 (1969), S. 331 f.)

— „Zum neuen englischen Scheidungsrecht". In: DRiZ 49 (1971), S. 303 - 304.

Rideout, R. W.: The Practice and Procedure of the National Industrial Relations Court. London: 1973.

— „When is a Rule a Rule?" In: M.L.R. (1973), pp. 73 et seq.

Ringwood, Richard: Principles of Bankruptcy. 18th ed. by Herbert Jacobs. London: Sweet & Maxwell, 1947.

Robinsohn, John Leonhard Richard: County Court Costs. 4th ed. by Hugh C. Collins. London: Oyez, 1971.

Romberg, Harold Percy: Die Richter Ihrer Majestät. Porträt der englischen Justiz, 3. Aufl. Stuttgart: Kohlhammer, 1971. (Bespr. 1. Aufl. RpflBl (1965), S. 46 - 47).

Roscoe, Edward Stanley: The Admiralty Jurisdiction and Practice of the High Court of Justice. 5th ed. by G. Hutchinson. London: Stevens, 1931.

— Digest of the Law of Evidence on the Trial of Civil Actions. 2 vols. 20th ed. by J. S. Henderson. London: 1934.

Rosenbaum, Samuel: The Rule-making Authority in the English Supreme Court. Boston: Boston Book Company, 1917.

Rubens-Laarmann, Ulrich: Die Gerichtsberichterstattung im englischen Recht unter vergleichender Betrachtung des deutschen Rechts. Münster: Rechts- und Staatswiss. Diss., 1969.

Rubinstein, Amnon: Jurisdiction and Illegality. A Study in Public Law. Oxford: Clarendon, 1965.

Rudd, G. R.: The English Legal System. London: Butterworths, 1962.

Rüttimann, J.: Der englische Cicilprocess mit besonderer Berücksichtigung des Verfahrens der Westminster Rechtshöfe. Leipzig: Tauchnitz, 1851.

Russel, Francis: Russel on the Law of Arbitration. 18th ed. by A. Walton. London: Stevens, 1970.

Ruttle, H. S. (ed.): The County Court Practice. London: Butterworths et al., 1973. („Green Book".)

Sales, Charles A.: The Law relating to Bankruptcy, Liquidations and Receiverships. 5th ed. London: Macdonald & Evans, 1956.

Samuels, Alec: „Administration of Justice. Judicial Remuneration". In: N.L.J. 116 (1966), pp. 689 - 690. (auszugsweise übersetzt in: DRiZ (1966), S. 306 ff.)

— „Do we need a Ministry of Justice?" In: N.L.J. 121 (1971), pp. 111 f.

— „Divorce in the County Court". In: N.L.J. 117 (1967), pp. 798 ff.

Sanctuary, Gerald: „Reform des Scheidungsrechtes in England". In: Ehe (1971), S. 69 - 71.

Scarman, L.: „The English Judge". In: M.L.R. 30 (1967), p. 1.

Scott, Ian Richard: The Crown Court. London: Butterworths, 1972.

— The Courts Act 1971. London: Butterworths, 1972.

Sealy, L. S.: Cases and Materials in Company Law. Cambridge: University Press, 1971.

Seidl, Helmut: Neue Tendenzen im englischen und deutschen Scheidungsrecht. Ein Diskussionsbeitrag zur Reform des Rechts der Ehescheidung und deren Folgen in der Bundesrepublik Deutschland. München: Verlag UNI-Dr., 1973.

Serick, Rolf: „Einige Bemerkungen zur englischen ‚no-action-Klausel'". In: Rechtswissenschaft und Gesetzgebung. Festschrift für Eduard Wahl zum 70. Geburtstag. Heidelberg: C. Winter, 1973, S. 127 - 136.

Shaw (ed.): Shaw's Directory of Magistrates' Courts and Crown Courts. London: Shaw, 1972.

Shaw/Chambers, Gordon Stanley: Shaw's Guide to the Enforcement of Money Payments in Magistrates' Courts. London: Shaw, 1969.

Sheridan, L. A.: „The Protection of Justices". In: M.L.R. 14 (1951), pp. 267 - 278.

Siehr, Kurt: „Zur geplanten Revision des englischen Ehegüterrechts und Erbrechts. Von der Gütertrennung zur Zugewinngemeinschaft? Noterbrecht des überlebenden Ehegatten?" In: FamRZ 19 (1972), S. 419 - 428.

Simon, Seymour: „Admiralty Jurisdiction and the Liability of Wharfingers". In: Journal of Maritime Law and Commerce, 3 (1972), pp. 513 - 536.

Slesser, Henry Herman: The Administration of the Law. London etc.: Hutchinson's University Library, 1948.

— The Act of Judgement and other Studies. London: Stevens, 1962.

Smit, Hans: „Common and Civil Law Rules of in personam Adjudicatory Authority: An Analysis of Underlying Policies". In: I.C.L.Q. 21 (1972), pp. 335 - 354.

Smith, Stanley Alexander de: Judicial Review of Administrative Action. 3rd ed. London: Stevens, 1973.

Soper, John P. H.: A Treatise on the Law and Practice of Arbitrations & Awards for Surveyors, Valuers, Auctioneers and Estate Agents. 8th ed. by D. M. Lawrance. London: Estates Gazette, 1953.

Spencer Bower, George: The Law Relating to Estoppel by Representation. 2nd ed. by Alexander Kingcome Turner. London: Butterworth, 1966.

— The Doctrine of Res Iudicata. 2nd ed. by A. K. Turner. London: Butterworths, 1969.

Summers, D. L. (ed.): The Lawyer's Remembrancer 1973. London: Butterworths, 1973.

Supreme Court of Judicature, Central Office: Masters' Practice Directions, Tables, and Forms. London: H.M.S.O., 1966.

Supreme Court Practice: s. Jacob (Gen. Ed.): The Supreme Court Practice.

Schellenberger, Hans M.: „Die Haftung des Anwalts in England, zugleich ein Beitrag zur Reform der Anwaltshaftung in Deutschland". In: AnwBl. (1971), S. 123 - 127.

— Die Haftung des Anwalts in England. Zugleich ein Beitrag zur Reform der Anwaltshaftung in Deutschland. Bonn: Dissertation 1970.

Schirrmeister, Gustav: Das bürgerliche Recht Englands. Kommentar, fortgef. von W. Prochownick. I. Teil, Bd. I/II Berlin: Heymann, 1906/10, II. Teil Berlin: Heymann, 1929.

Schlegelberger, Franz: Rechtsvergleichendes Handwörterbuch für das Zivil- und Handelsrecht des In- und Auslandes. 7 Bde. Berlin: Vahlen, 1929 bis 1939.

Schmitthoff, Clive Maximilian: „The Supervisory Jurisdiction of the English Courts". In: International Arbitration. Liber amicorum for Martin Domke. Ed. by P. Sanders. The Hague: Nijhoff, 1967, pp. 289 - 300.

— „Der Zivilprozeß als Schlüssel zum englischen Rechtsdenken". In: JZ (1972), S. 38 - 43.

— „Systemdenken und Fallrecht in der Entwicklung des englischen Privatrechts." In: JZ 22 (1967), S. 1 - 6.

Schulze, W.: Die gerichtliche Liquidation von Gesellschaften nach englischem Recht. Berlin: Dissertation 1933.

Schurig, Klaus: „Das neue englische Gesetz über die Anerkennung ausländischer Scheidungen. — Abschied von ‚Indyka'". In: FamRZ 19 (1972), S. 288 - 290.

Schuster, Lord: „The Office of the Lord Chancellor". In: C.L.J. 10 (1949), pp. 175 - 190.

Schuster, Ernst: Die bürgerliche Rechtspflege in England. Berlin: Vahlen, 1887.

Schwarzenbach, Hans: Die englische Civiljury. Zürich: Dissertation 1936.

Schweizer, Peter: Der Schutz der Rechtsverwirklichung im angelsächsischen Rechtskreis. Die Lehre vom Contempt of Court. Zürich: Schulthess, 1974. (Zürcher Beiträge zur Rechtswissenschaft. Nr. 434.)

Schwering, Walter: System der Beweislast im englisch-amerikanischen Zivilprozeß. Karlsruhe: C. F. Müller, 1969. (Berkeley-Kölner Rechtsstudien. Kölner Reihe, Bd. 11.) (Bespr. W. J. Habscheid in: AcP 171 (1971), S. 550 f.)

Staehelin, Bernhard: „Estoppel und Vertrauensprinzip." In: Aequitas und bona fides. Festgabe zum 70. Geburtstag von August Simonius. Basel: Hebing & Lichterhahn, 1955, S. 381 - 399.

Stephen, Henry John: Stephen's Commentaries on the Laws of England. 21st ed. by L. C. Warmington et al., Vol. III (Civil Procedure). London: Butterworths, 1950.

Steuerwald, Hans: Das Versäumnisverfahren im Zivilprozeß der wichtigsten außerdeutschen Kulturstaaten Europas. Berlin: 1938.

Stevens, R. B./*Yamey*, B. S.: The Restrictive Practices Court. A Study of the Judicial Process and Economic Policy. London: Weidenfeld, 1965.

Stock, Dieter: Die Beweislast beim Verschuldensbeweis im Rahmen von Leistungsstörungen nach anglo-amerikanischem Recht. Köln: Dissertation 1967.

Stone: Stone's Justices' Manual. 2 vols. 105th ed. by P. D. Fanner and C. T. Latham. London: Butterworths, 1973.

Stone, Olive M.: „Zur neuesten Entwicklung des englischen Familienrechts". In: AcP 160 (1961), S. 526 - 537.

Sturge, Lewis Frederick: Basic Rules of the Supreme Court. 3rd ed. London: Butterworths, 1966.

Teplitzky: „Zur englischen Rechtsprechung bei Contempt of Court". In: MDR 18 (1964), S. 728 f., 988.

Thayer, James Bradley: A Preliminary Treatise on Evidence at the Common Law 1898. repr. New York: Rothman, 1969.

Thomas, Patricia A.: Evidence. London: Butterworths, 1972.

Thomson, D.: „Judicial Immunity and the Protection of Justices". In: M.L.R. 21 (1958), pp. 517 - 533.

Thomson, James Herbert: The Principles of Bankruptcy Law. London: H.F.L., 1967.

Tirpitz, Egbert von: „Zehn Jahre Kartellgericht in England". In: Zeitschrift für schweizerisches Recht. N.F. 85 (1966) I, 2, S. 113 - 146.

Tixier, Gilbert: Le Contrôle judiciaire de l'administration anglaise contentieux de la legalité. Paris: Dalloz, 1954.

Tolstoy, Dimitry: Tolstoy on Divorce and Matrimonial Causes including Proceedings in Magistrates Courts. 7th ed. by D. Tolstoy and C. Kenworthy. London: Sweet & Maxwell, 1971.

Treagus, B. P./*Rainbird*, H. J. C./*Harvey*, R. H.: Introduction to Solicitors' Costs. London: Butterworths, 1963.

Tristram, Thomas Hutchinson/*Coote*, Henry Charles: Tristram and Coote's Probate Practice. 24th ed. by W. J. Pickering. London: Butterworths, 1973.

Turner, Harold Horsfall: „Die Gebühren der englischen Anwälte". In: AnwBl. (1967), S. 177 - 185.

Utton, Albert: „The British Legal Aid System". In: Yale Law Journal, 76 (1966), pp. 371 - 379.

Varano, Vincenzo: Organizzazione e Garanzie della Giustizia Civile Nell' Inghilterra Moderna. Presentazione di Master I. H. Jacob. Milano: Giuffrè, 1973.

Vick, Richard William/*Shoolbred*, Claude Frederick: The Administration of Civil Justice in England and Wales. Oxford, London: Pergamon Pr., 1968.

Vollkommer, Max: Der materielle und formelle Begriff der freiwilligen Gerichtsbarkeit im englischen Recht. München: Dissertation 1960. (Auszugsweise abgedruckt in: RpflBl (1964), S. 1 - 4.)
— „Richter und Gerichte in England". In: ZZP (1960), S. 145 ff.
— „Der Master im englischen Verfahrensrecht. Ein Vorbild für die deutsche Justizreform?" In: RpflBl. (1964), S. 49 - 53.

Vollmer, Rudolf: Die Idee der materiellen Gesetzeskontrolle in der englischen Rechtsprechung. Bonn: Bouvier, 1969. (Schriften zur Rechtslehre und Politik. Nr. 61.)

Wahl, Eduard: „Rechtsgeschichte und rechtsvergleichende Betrachtungen zur Stellung der Gerichte". In: SJZ (1947), Sp. 289 - 295.

Walker, Peter Norman: The Courts of Law. A Guide to their History and Working. Newton Abbot: David & Charles, 1970.

Walker, Ronald Jack/*Walker*, M. G.: The English Legal System. 3rd ed. by R. J. Walker and M. G. Walker. London: Butterworths, 1972. 1974.

Wallace, William Reeve: „(Der Rechtsausschuß des Geheimen Staatsrats.) Das ‚Judicial Committee des Privy Council' und die obersten Gerichte der britischen Dominions". In: Die Höchsten Gerichte der Welt. Von J. Magnus. Leipzig: Moeser, 1929, S. 127 - 146.

Wassterstrom, Richard A.: The Judicial Decision. Stanford: Stanford Univ. Pr., 1961.

Watson, Graham: Chairmanship in the Domestic Court. Chichester: Rose, 1974.

Watson, John A. F.: The Cild and the Magistrate. New and rev. ed. London: J. Cape, 1965.
— Die britischen Jugendgerichte. Ratingen: 1949.

Weaving: Weaving's Notes on Bankruptcy Practice and Procedure in County Courts. 4th ed. by T. S. Humphreys. London: Oyez, 1967. (Oyez Practice Notes No. 32.)

Webster, Peter (Chairman): The Judiciary. The Report of a Justice Sub-Committee. London: Stevens, 1972.

Weidlich, K.: „Gesamtreform und Einzelreform im Hinblick auf England". In: ZStrW 18 (1908), S. 491 ff.

Weston, Paul B./*Wells*, Kenneth M.: The Administration of Justice. Englewood Cliffs, London: Prentice-Hall, 1967.

Wheatcroft, G. S. A.: „Complicated, Inconsistent and Unducoumented". A Chancery Master on Chancery Procedure. In: L.S.G. (1960), pp. 312 et seq.

Wilkinson, George Stephen: Affiliation Law and Practice. 4th ed. by J. F. Josling. London: Oyez, 1971. (Oyez Practice Notes No. 41.)
— Summary Matrimonial and Guardianship Orders. 3rd ed. London: Oyez, 1967. (Oyez Practice Notes No. 30.)

Willenberg, Jochen: „Das House of Lords zu ‚Relative Rule of Precedent'." In: NJW (1967), S. 867 - 868.

Williams, Edward Vaughan: Law and Practice in Bankruptcy. 18th ed. by M. Hunter et al. London: Stevens, 1968.

Williams, Edward Vaughan/*Mortimer*, Herbert Clifford: Williams and Mortimer on Executors, Administrators and Probate. London: Stevens, 1970. (Property and Conveyancing Library. No. 10.)

Williams, R. E. L. Vaughan/*Sutton*, Ralph: „The House of Lords". In: Die Höchsten Gerichte der Welt. Von J. Magnus. Leipzig: Moeser, 1929, S. 122 bis 127.

Winfield, Percy Henry: The Present Law of Abuse of Legal Procedure. Cambridge: University Press, 1921.

Wiswall jr., F. L.: The Development of Admiralty Jurisdiction and Practice since 1800. An English Study with American Comparisons. Cambridge: University Press, 1970.

Witchell, Rowland Goward: Practice and Procedure. 5 vols. Vol. I: County Courts and Magistrates' Courts. Vol. II: Conveyancing. Vol. III: High Court. Vol. IV: Matrimonial Proceedings. Vol. V: Non-Contentious Probate and Private Limited Companies. London: Oyez, 1972.

Wohlfarth, Paul: „Adoption in England". In: (Österreichische) JBl. 81 (1959), S. 628 - 630.

— „Der englische Friedensrichter". In: (Österreichische) JBl. 85 (1963), S. 421 bis 423.

Wolf, Ernst/*Lüke*, Gerhard (Hrsg.): Eheverfehlung, Ehezerrüttung und einverständliche Scheidung in den Vorschlägen zur Reform des Ehescheidungsrechts in England. Köln usw.: Heymanns, 1969. (Bespr. W. Fikentscher in: ZZP 83 (1970), S. 243 - 244; W. Müller-Freienfels in: JZ (1970), S. 318 - 319).

Wolff, Ernst: „England". In: Die Schiedsgerichtsbarkeit in Zivil- und Handelssachen. Bd. II. Berlin: 1948, S. 23 ff.

— „Freiheit und Gebundenheit des englischen Richters". In: Festschrift für Wilhelm Kisselbach. Hamburg: Gesetz und Recht, 1947, S. 251 - 282.

— „Typische Entwicklungen im englischen Recht". In: SJZ 1 (1946), S. 133 bis 137, 193 - 197.

Wolff, Götz: „Friedensgerichte in England und den Vereinigten Staaten". In: DRiZ (1958), S. 131 - 135.

Wortley, Ben Atkinson: „The Bench and the Bar in England". In: Liber Amicorum Baron Louis Fredericq. Gent: Story — Scientia, 1966, S. 1171 bis 1180.

Wrottesley, Frederic John: The Examination of Witnesses in Court. 3rd ed. London: Sweet & Maxwell, 1961.

Yale, D. E. C. (ed.): Lord Nottinghams's ‚Manual of Chancery Practice' and ‚Prolegomena of Chancery and Equity'. Cambridge: 1965.

Zamir, I.: The Declaratory Judgement. London: Stevens, 1962.

Zander, Michael: Lawyers and the Public Interest. A Study in Restrictive Practices. London: Weidenfeld and Nicolson, 1968.

— Cases and Materials on the English Legal Systems. London: Weidenfels, 1973.

Ziegenbein, Ulrich: Die Unterscheidung von Real und Personal Actions im Common Law. Berlin: Duncker und Humblot, 1971. (Schriften zum Prozeßrecht. Bd. 23.) (Bespr. A. Wacke in: AcP 173 (1973), S. 547 - 549.)

Zimmermann, Ed.: Die Justiz-Reform in England. Berlin: Mittler, 1877.

Gesetzesverzeichnis

(Statutes, Rules, Orders und Memoranden)

Die Statutes sind in den Anmerkungen mit Namen und Jahr, also nicht in der bis 1962 in England überwiegend üblichen Form zitiert. Im folgenden Gesetzesverzeichnis sind sie nach beiden Zitierweisen aufgeführt, da die ältere Literatur regelmäßig noch nach Regierungsjahr, Monarch und Kapitel im Statuten-Buch zitiert. Seit dem Acts of Parliament Numbering and Citation Act, 1962, folgt die Kapitelnummer im Statuten-Buch dem Kalenderjahr und nicht mehr dem Regierungsjahr, die Nennung des Monarchen konnte daher weggelassen werden[1]. Das Gesetzesverzeichnis enthält neben den Statuten[2] auch Rechtsverordnungen (statutory instruments[3]), insbesondere Rules und Orders.

1701, Act of Settlement, 12 & 13 Will. 3, c. 2
1833, Judicial Committee Act, 3 & 4 Will. 4, c. 41
1838, Judgements Act, 1 & 2 Vict., c. 110
1852, Court of Chancery Act, 15 & 16 Vict., c. 80
1858, Court of Probate Act, 21 & 22 Vict., c. 95
1868, Promissory Oaths Act
1870, Juries Act, 33 & 34 Vict., c. 77
1873, Supreme Court of Judicature Act, 36 & 37 Vict., c. 66
1875, Supreme Court of Judicature Act, 38 & 39 Vict., c. 77
1879, Judicature (Officers) Act, 42 & 43 Vict., c. 78
1894, Prize Court Act, 57 & 58 Vict., c. 39
1894, Merchant Shipping Act, 57 & 58 Vict., c. 60
1894, Rules of the Supreme Court (Merchant Shipping); S.R. & O. Rev. 1948, Vol. 22, p. 108
1896, Appellate Jurisdiction Act
1914, Bankruptcy Act, 4 & 5 Geo. 5, c. 59 (amend.)
1920, Maintenance Orders (Facilities for the Enforcement) Act, 10 & 11 Geo. 5, c. 33
1921, Order as to Assignment of Bankruptcy Business in the High Court to the Chancery Division, S.R. & O. 1921 No. 1741

---

[1] Zum Problem des Zitierens vgl. *Jackson*, Machinery of Justice, preface to Tables of Statutes Cited; *Crayes*, Statute Law, 7th ed. 1971, pp. 50 et seq.

[2] Vgl. *Halsbury's* Statutes of England, 3rd ed. London: Butterworth.

[3] Vgl. *Halbury's* Statutory Instruments, being a Companion Work to *Halsbury's* Statutes of England, 2nd, 3rd re-issue. London: Butterworth, 1969 et seq.

1922, Juries Act, 12 & 13 Geo. 5, c. 11
1925, Supreme Court of Judicature (Consolidation) Act, 15 & 16 Geo. 5, c. 49 (amend.)
1928, Administration of Justice Act, 18 & 19 Geo. 5, c. 26
1933, Administration of Justice (Miscellaneous Provisions) Act, 23 & 24 Geo. 5, c. 36
1934, Administration of Justice (Appeals) Act, 24 & 25 Geo. 5, c. 40
1936, County Court Rules, S.R. & O. 1936 No. 626 (amend.)
1938, Administtraion of Justice (Miscellaneous Provisions) Act, 1 & 2 Geo. 6, c. 63
1945, Family Allowances Act
1946, Statutory Instruments Act, 9 & 10 Geo. 6, c. 36
1946, Supreme Court of Judicature (Circuit Officers) Act, 9 & 10 Geo. 6, c. 78
1946, Matrimonial Causes (Special Commission) (No. 2) Order, S.R. & O. 1946 No. 2112
1947, Crown Proceedings Act, 10 & 11 Geo. 6, c. 47
1948, Companies Act, 11 & 12 Geo. 6, c. 20
1949, Consolidation of Enactments (Procedure) Act, 12, 13 & 14 Geo. 6, c. 33
1949, Legal Aid and Advice Act, 12 & 13 Geo. 6, c. 51
1949, Civil Aviation Act, 12, 13 & 14 Geo. 6, c. 67
1949, Justices of the Peace Act, 12, 13 & 14 Geo. 6, c. 101
1949, Companies (Winding-up) Rules, S. I 1949 No. 330 (amend.)
1950, Arbitration Act, 14 Geo. 6, c. 27
1952, Magistrates' Courts Act, 15 & 16 Geo. 6 & 1 Eliz. 2, c. 55
1952, Bankruptcy Rules, S. I. 1952 No. 2113 (amend.)
1954, Supreme Court Officers (Pensions) Act, 2 & 3 Eliz. 2, c. 38
1954, Non-Contentious Probate Rules, S. I. 1954 No. 796
1955, Memorandum of the Judges of the Chancery Division, publ. Chief Master in: L.J. 105 (1955) pp. 221 et seq.
1956, Administration of Justice Act, 4 & 5 Eliz. 2, c. 46
1957, House of Commons Disqualification Act, 5 & 6 Eliz. 2, c. 20
1957, Judicial Committee Rules, S. I. 1957 No. 2224
1957, Solicitors Act, 5 & 6 Eliz. 2, c. 27
1957, Affiliation Proceedings Act, 5 & 6 Eliz. 2, c. 55
1957, Matrimonial Couses Rules, S. I. 1957 No. 619
1958, Matrimonial Causes (Property and Maintenance) Act, 6 & 7 Eliz. 2, c. 35
1958, Adoption Act, 7 & 8 Eliz. 2, c. 5
1959, Judicial Pensions Act, 7 & 8 Eliz. 2, c. 9
1959, County Courts Act, 7 & 8 Eliz. 2, c. 22
1959, Mental Health Act, 7 & 8 Eliz. 2, c. 72
1959, Legal Advice Regulations, S. I 1959, No. 47
1960, Administration of Justice (Judges and Pensions) Act, 9 Eliz. 2, c. 3
1960, Administration of Justice Act, 8 & 9 Eliz. 2, c. 65
1960, Court of Protection Rules, S. I. 1960 No. 1146

Gesetzesverzeichnis

1960, Matrimonial Proceedings (Magistrates Courts) Act, 8 & 9 Eliz. 2, c. 48
1961, Barristers (Qualification for Office) Act, 9 & 10 Eliz. 2, c. 44
1962, Acts of Parliament Numbering and Citation Act, 10 & 11 Eliz. 2, c. 34
1963, Children and Young Persons Act, c. 37
1964, Administration of Justice Act, c. 42
1965, Administration of Justice Act, c. 2
1965, Judges' Renumeration Act, c. 61
1965, Matrimonial Causes Act, c. 31
1965, Rules of the Supreme Court (Revision) S. I. 1965 No. 1776 (amend.)
1965, County Courts Jurisdiction Order, S. I. 1965 No. 2141
1966, Criminal Appeal Act, c. 31
1966, County Courts (Admiralty Jurisdiction) Order, S. I. 1966 No. 1547
1966, District Registries Order in Council, S. I. 1966 No. 1189 (amend.)
1966, Master's Practice Directions, Tables and Forms, ed. by Supreme Court of Judicature, Central Office, London 1966
1966, Judicial Committee (Disenting Opinion) Order in Council
1967, Criminal Justice Act, c. 80
1967, Matrimonial Causes Act, c. 56
1968, Adoption Act, c. 53
1968, Domestic and Appellate Proceedings (Restriction of Publicity) Act, c. 63
1968, Justice of the Peace Act
1968, Magistrates' Courts Rules, S. I. 1968 No. 1920
1968, Magistrates' Courts (Forms) Rules, S. I. 1968 No. 1919
1968, Civil Evidence Act, c. 64
1969, Family Reform Act, c. 46
1969, Administration of Justice Act, c. 58
1970, Proceedings Against Estates Act, c. 17
1970, Administration of Justice Act, c. 31
1970, Matrimonial Proceedings and Property Act, c. 45
1970, Practice Direction (Chancery: Powers of Masters) 30th Jan. 1970; in: W.L.R. 762 - 764
1970, Maximum Number of Judges Order, S. I. 1970 No. 1115
1970, Legal Aid (Financial Condition) Regulations, S. I. 1970 No. 1707
1971, Guardianship of Minors Act, c. 3
1971, Courts Act, c. 23
1971, Attachment of Earnings Act, c. 32
1971, Legal Aid (General) Regulations, S. I. 1971 No. 62
1971, Recognition of Divorces and Legal Separations Act, c. 53
1971, Matrimonial Causes Rules, S. I. 1971 No. 953 (amend.)
1971, Divorce County Courts Order, S. I 1971 No. 1954
1971, Crown Courts Rules, S. I. 1971 No. 1292
1971, Adoption (High Court) Rules, S. I 1971 No. 1520
1972, Legal Advice and Assistance Act

1972, Civil Evidence Act, c. 30
1973, Administration of Justice Act, c. 15
1973, Matrimonial Causes Act, c. 18
1973, Guardianship Act, c. 29

Sachregister

Abuse of the process of the court (Verfahrensmißbrauch) 89
Act of bankruptcy (Handlung des Schuldners, die auf Insolvenz schließen läßt) 123
Action (Klage, Zivilprozeß) 77, 94
  representative — (Repräsentantenklage) 72
Adjournment („Vertagung", Erinnerung) 49, 112
Adjudication of bankruptcy (Bankrotterklärungsbeschluß) 123
Administration of civil justice (Zivilgerichtsverfassung) 16
Admiralty (Seegerichtsbarkeit)
— County Courts 25
— Court 28
— proceedings (Seesachen) 121
— Registrar (Unterrichter in Seesachen) 52
Adoption 117
Affidavit (eidliche Versicherung) 101
— of service (eidliche Zustellungserklärung) 82, 99
Affiliation proceedings (Vaterschaftsklage als Unterhaltsprozeß) 118
Allocation of business (Geschäftsverteilung) 78
Anwälte — s. Barrister, Solicitor
Appeal (formelles Rechtsmittel, Appellation) 109
  cross — (Anschluß-Rechtsmittel) 110
Appearance (Einlassung) 83
  conditional — 83
  memorandum of — 83
  notice of — 83
— under protest 83
Application (Antrag)
— for a new trial (jury) 60
— to set aside a verdict or judgment 60
Arbitration (Schiedsgerichtsverfahren) 131
— award (Schiedsspruch) 131

Armenrecht — s. Legal Aid
Arrangement, scheme of (Vergleich im Konkursverfahren) 123
Assessment of damages (Schadensersatz-Festsetzungsverfahren) 45
Assessors (nichtstimmberechtigte Beisitzer) 63
  nautical — 64
Assignment of proceedings (Geschäftsverteilung) — s. Allocation of business
Associates 27

Bankruptcy (Konkursverfahren) 122
— notice (mit Fristsetzung verbundene Konkursandrohung) 123
Barrister 69
Beweisrecht — s. Evidence
Burden of proof (Beweislast) 100

Chambers 43
Chancellor, Lord 36, 37
Chancery Division 28
Central Office 30
Certificate of associate (Zertifikat der Hauptverhandlung) 62
Challenge (Ablehnung von Geschworenen) 79
Circuit (Gerichtsbezirk) 61
— Judge 39
— administrator 62
Civil jury (Ziviljury) 58
Clerk 62
— (County Court) 57
— of the Justice 26
— of the lists 79
Commercial Court 28
Complaint (Beschwerde) 108
Consolidation of proceedings (actions, causes) (Klagenverbindung) 78
Counsel 69
  Conveyancing — 66
County Court 23
— Registrar 56

Crown — 22, 23
High — 27
— of Appeal 29
Inferior — 18
Superior — 18
Supreme — of Justice 22, 27
Counterclaim (Gegenanspruch, Widerklage) 85

Declaratory action (Feststellungsklage) 78
— judgment (Feststellungsurteil) 78, 94
Decree absolute (endgültiges Ehescheidungsurteil) 115
Decree nisi (vorläufiger Ehescheidungsbeschluß) 115
Default (Versäumnis) 96
— of appearance (Versäumnis der Einlassung) 96
— of defence (Versäumnis der Verteidigung) 97
— of pleadings 97
Defence (Klagebeantwortung) 84
Defendant (Beklagter) 71
Discharge, order of (Beschluß, durch den die Befreiung des Gemeinschaftsschuldners erfolgt, „Entlastungsbeschluß") 123
Discovery (Urkundenvorlegung) 101
Dissenting opinion (Minderheitsvotum) 93
District Registry 33
Divorce (Ehescheidung) 114
Domestic proceedings (Familiensachen) 116

Ehesachen — s. Matrimonial proceedings
Ehescheidung — s. Divorce
Einlassung — s. Appearance
Einreden 88
Estoppel (prozessuale Einrede) 94
— per rem judicatam (Einrede der Rechtskraft) 89, 94
Evidence (Beweisrecht) 100
Examination (Vernehmung)
— in chief (Hauptverhör) 92
cross- (Kreuzverhör) 92
re- (Rückverhör) 92
— of witnesses (Zeugenvernehmung) 92
Examiners of the Court 65

Execution (enforcement of judgments) (Vollstreckung v. Gerichtsentscheidungen) 44, 95
stay of — (Aussetzung der Vollstreckbarkeit) 95
Expert witness (sachverständiger Zeuge) 102

Familiensachen — s. Domestic proceedings
Family Division 28
Filing (gerichtliche Registrierung) 32
Friedensrichter — s. Justices of the Peace

Garnishee proceedings (Zwangsvollstreckung wegen Geldforderungen in Forderungen) 46
Gerichtsbezirk — s. Circuit
Gerichtsstandsvereinbarung — s. Jurisdiction agreement
Geschäftsstellen 30, 33
Geschäftsverteilung — s. Allocation of business
Geschworene — s. Civil jury
Guardian ad litem (prozessualer Vertreter des prozeßunfähigen Beklagten) 73
Guardianship proceedings (Vormundschaftssachen) 117

Handelsgericht — s. Commercial Court
Hauptverhandlung — s. Trial
Hearing (mündliche Verhandlung) 43 Fn. 13, 53, 90
— of the summons for directions (mündliche Vorverhandlung) 88
Hinterlegung — s. Payment into Court
House of Lords 29

Indorsement (Vermerk auf der Rückseite eines Dokuments)
— of claim (Klagebegründungsvermerk) 80
— of service (Zustellungsvermerk) 82
Injunction (Unterlassungsbefehl, einstweilige Verfügung) 44
Inns of Court 69
Inspection (Urkundeneinsichtnahme) 101

Sachregister

Interlocutory (Zwischen-; Vor-)
— judgment (Zwischenurteil) 93, 94
Interrogatories (förmliche Parteivernehmung) 86
fishing — (Parteivernehmung zu Ausforschungszwecken) 87
Irregularity (Verletzung einer Verfahrensnorm) 89

Judges (Oberrichter) 34, 35
Circuit — 39
Deputy — (stellvertr. Oberrichter) 41
Presiding — (präsidierende Oberrichter) 35
Judgment (Urteil) 92
— creditor (Vollstreckungsgläubiger bei Forderungen) 95 Fn. 12
— in default (Versäumnisurteil) 50
declaratory — (Feststellungsurteil) 94
— final (Endurteil) 93
interim — (Zwischenurteil) 94
interlocutory — (Zwischenurteil) 93
summary — (Urteil im beschleunigten Verfahren) 96
Judicial Committee des Privy Council 30
Jurisdiction 17
— agreement 18
exclusive (concurrent) — 17
excess of — (Zuständigkeitsverletzung) 88
original (appellate) — 17
unlimited (limited) — 17
Jurisdiktion — s. Jurisdiction
Justices of the Peace (Friedensrichter) 26

Klage — s. Action
Klageerhebung — s. Originating process
Klagenverbindung — s. Consolidation of proceedings
Konkurs — s. Bankruptcy
Kostenwesen — s. Taxation
Kreuzverhör — s. Examination

Leap-frogging (Sprungrevision) 110, 112
Legal Aid (Armenrecht) 130

Legitimacy, declaration of (Ehelichkeitserklärung) 118
Liquidation von Handelsgesellschaften — s. Winding-up of Companies

Magistrates' Court 25
Maintenance proceedings (Unterhaltsprozeß) 118
Master (of the Supreme Court) 42, 48
Taxing- (Kostenfestsetzungsbeamter) 128
Matrimonial proceedings (Ehesachen) 114
Memorandum of appearance (formeller Einlassungsvermerk) 83
Minderheitsvotum — s. Dissenting opinion
Motion (Antrag)
— in objection (im Seeprozeß) 53, 112

Next friend (prozessualer Vertreter des prozeßunfähigen Klägers) 72

Objection (Ablehnung eines Friedensrichters) 79
Officer of the Court (Gerichtsbeamter) 61
Official Receiver (amtlicher Sequester im Konkursverfahren) 123
Originating process (Klageerhebung) 77, 80

Parteien — s. Parties
Parteivernehmung — s. Interrogatories
Parties (Parteien) 71
joinder of — (Parteienhäufung) 71
Particulars (Spezifizierung von Schriftsätzen) 86
Payment into court (Hinterlegung) 127
Petition 77
Plaintiff (Kläger) 71
Pleadings (formeller Schriftsatzwechsel) 84
Practice Directions (Verfahrensrichtlinien) 20
Practice and procedure (Verfahrensrecht) 16
Pre-trial proceedings (Vorverfahren) 76, 80

Probate (Testamentssache) 119
— in common form 119
— in solemn form (probate action) 120
Prozeßverschleppung — s. Want of prosecution

Queen's Bench Division 27

Receiving order (Einsetzungsbeschluß für einen Konkurssequester) 123
Rechtsbehelfe im Vorverfahren 89
Rechtsmittel — s. Appeal
Rechtskraft — s. Estoppel per rem judicatam
Recorder 42
Rechtshängigkeit — 80, 89
Recusation (Richterablehnung) 79
Referee
    official — 39
    special — 57
Reference (Überweisung)
— for inquiry and report 40
Registrar
    Admiralty — 52
    Chancery — 63
    County Court — 56
    District — 47
Reply (Replik des Klägers) 85
Richter — s. Judges, Unterrichter
Richterablehnung — s. Challenge, Objection, Recusation
Richtergehilfen 61, 62, 63, 65, 67
Right of audience (Postulationsfähigkeit) 73
Rule (Prozeßrechtsverordnung) 19, 20
— Committees 20

Seegerichtsbarkeit — s. Admiralty
Separation (Trennungsverfügung in Ehesachen) 116
Service (Zustellung) 81
    ordinary — (normale Zustellung) 82
    personal — (persönliche Zustellung) 81
    substituted — (Ersatzzustellung) 82
Setting down for trial (formelle Anmeldung des Verfahrens zur Hauptverhandlung) 91
Solicitor 69

official — 67
Specific performance (besondere Klagen auf Vertragserfüllung) 28
Summons (Ladung)
    Originating — 77, 90
— for directions (Ladung zur Vorverhandlung) 87

Schiedsgerichtsverfahren — s. Arbitration
Schriftsatzwechsel — s. Pleadings

Statement of claim (Klagebegründungsschrift) 80, 84

Taxation of costs (Kostenwesen) 127
Taxing Master 128
— Office 128
Transfer of proceedings (Prozeßverweisung) 79
Trial (Hauptverhandlung) 91
— in camera (private) 43

Unterrichter 34
Urkundenvorlegung — s. Discovery, Inspection

Vaterschaftsklage — s. Affiliation proceedings
Verfahrensverstoß — s. Irregularity
Versäumnis — s. Default
Vormundschaftssachen — s. Guardianship proceedings
Vorverfahren — s. Pre-trial proceedings
Vorverhandlung — s. Hearing of the summons for directions

Want of prosecution (mangelndes Betreiben des Rechtsstreits, Prozeßverschleppung) 89
Wardship proceedings (Bestellung eines Gerichtsvormunds) 117
Warrant of arrest (Arrestbefehl im Seeprozeß) 121
Widerklage — s. Counterclaim
Winding-up of companies (Liquidation von Handelsgesellschaften) 124
Writ (gerichtliche Ladung, Verfügung)
— of summons (Prozeßladung, Klageschrift) 77

Zeugenvernehmung — s. Examination
Zivilgerichtsverfassung — s. Administration of civil justice
Ziviljury — s. Civil jury

Zuständigkeit — s. Jurisdiction
Zustellungen — s. Service
Zwangsvollstreckung — s. Garnishee proceedings, Execution

Über den Verfasser

Jürgen Bunge, Dr. jur., geboren 1941 in Soest, studierte in Heidelberg, Berlin und Oxford deutsches und englisches Recht und Rechtsvergleichung. Nach dem 1. Juristischen Staatsexamen 1966 war er Referent der Studienstiftung des Deutschen Volkes in Bad Godesberg, nach dem 2. Juristischen Staatsexamen 1971 wissenschaftlicher Assistent für Strafrecht an der Universität Gießen.

Seit 1972 ist der Verfasser wissenschaftlicher Mitarbeiter am Max-Planck-Institut für Bildungsforschung in Berlin.

Veröffentlichungen: „Die Erschleichung staatlicher Finanzhilfen für die Landwirtschaft als Vereitelung der Agrarpolitik." In: Die Verbrechen in der Wirtschaft, hrsg. von Klaus Tiedemann, 2. Aufl., Karlsruhe 1972, S. 51 ff. Die Lehramtsprüfungen im Konflikt zwischen Staat und Hochschule. Gutachten zu einer Novellierung des Lehrerbildungsgesetzes von Berlin, erstellt im Auftrag der Berliner Hochschulen, Hrsg. Pressestellen der Berliner Hochschulen, FU-Dok. Nr. 6/1973 (H. v. Hentig u. a., Mitw.). Das untere Richterpersonal und die Richtergehilfen am englischen High Court of Justice. Ein Beitrag zur deutschen Justizreform. Berlin 1973. Aufsätze.

Printed by Libri Plureos GmbH
in Hamburg, Germany